王禮溥心靈世界

王禮溥 著

楊宗翰 主編

菲律賓・華文風 叢書06（自傳）

十七歲的夢
七十歲的回憶

是夢中的真
是真中的夢
是回憶含淚的微笑

二〇〇一年

王禮溥從事繪畫工作五十八年回顧展

時間：2012年10月5日至16日

地點：菲律賓SM藝術中心

王禮溥，2012年10月6日，背景作品「花傳春色」

2007-33，110×310cm

油彩畫布，私人收藏

王禮溥從事繪畫工作五十八年回顧展

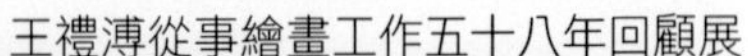
王禮溥從事繪畫工作五十八年回顧展

無限江山夢裏遊 2013-06

110×98cm，油彩畫布

山高水遠知何處 2013-03

106×98cm，油彩畫布

萬水千山尋舊夢 2013-01

98×92cm，油彩畫布

夢裏歸鄉未還鄉 2012-02

96×127cm，油彩畫布，私人收藏

千言萬語話鄉愁 2012-03

99×129cm，油彩畫布，私人收藏

江山無盡 2004-11

129x228cm，油彩畫布，私人收藏。

花兒聽得訴心語 2012-11

99x129cm，油彩畫布，私人收藏。

朝霞映在天山上 1997-16
90x73cm，
油彩畫布，私人收藏。

無限江山 2007-01
89x114cm，油彩畫布，私人收藏。

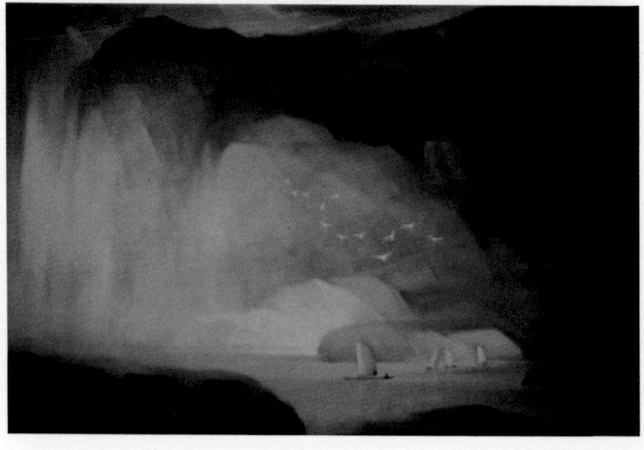

山高水遠 1999-20
56x46cm，
油彩畫布，私人收藏。

此時無聲勝有聲 2008-08
67x67cm，
油彩畫布，私人收藏。

清香為誰發，臨風笑相迎 1997-15
71x89cm，油彩畫布，私人收藏。

綠上枝頭，
詩上心頭 1997-09
96cm直徑，
油彩畫布，私人收藏。

風姿綽約，艷壓群芳 2002-01

84x139cm，油彩畫布，私人收藏。

春之舞曲 1997-05

91x114cm，油彩畫布，私人收藏。

嬌花映日，翠蓋迎風 1998-09

44x52cm，油彩畫布，私人收藏。

葉葉相護，花花相映 1997-02

89x114cm，油彩畫布，私人收藏。

花動葉搖飛何處 2008-16

49x71cm，油彩畫布，私人收藏。

嬌豔紅欲醉 2004-14

91x153cm，油彩畫布，私人收藏。

江畔 2011-10

26x37cm，色彩鉛筆，鋼筆畫板，私人收藏。

雨後 2011-13

26x37cm，色彩鉛筆，鋼筆畫板，私人收藏。

晨風 2011-11

26x37cm，色彩鉛筆，鋼筆畫板，私人收藏。

夢鄉 2011-26

26x37cm，色彩鉛筆，鋼筆畫板，私人收藏。

【主編序】

在台灣閱讀菲華，讓菲華看見台灣
——出版《菲律賓‧華文風》書系的歷史意義

楊宗翰

很難想像都到了二十一世紀，台灣還是有許多人對東南亞幾近無知，更缺乏接近與理解的能力。對台灣來說，「東南亞」三個字究竟意味著什麼？大抵不脫蕉風椰雨、廉價勞力、開朗熱情等等；但在這些刻板印象與（略帶貶意的）異國情調之外，台灣人還看得到什麼？說來慚愧，東南亞在台灣，還真的彷彿是一座座「看不見的城市」：多數台灣人都看得見遙遠的美國與歐洲；對東南亞鄰國的認識或知識卻極其貧乏。他們同樣對天母的白皮膚藍眼睛洋人充滿欽羨，卻說什麼都不願意跟星期天聖多福教堂的東南亞朋友打招呼。

台灣對東南亞的陌生與無視，不僅止於日常生活，連文化交流部分亦然。二〇〇九年台北國際書展大張旗鼓設了「泰國館」，以泰國做為本屆書展的主體。這下總算是「看見泰國」了吧？可惜，展場的實際情況卻諷刺地凸顯出台灣對泰國的所知有限與缺乏好奇。迄今為止，台灣完全沒有培養過專業的泰文翻譯人才。而國際書展中唯一出版的泰文小說，用的還是中國大陸的翻譯。試問：沒有本土的翻譯人才，要如何文化交流？又能夠交流什麼？沒有真正的交流，台灣人又如何理解或親近東南亞文化？無須諱言，台灣對東南亞的認識這十幾年來都沒有太大進步。台灣對東南亞的理解，層次依然停留在外勞仲介與觀光旅遊——這就是多數台灣人所認識的「東南亞」。

東南亞其實就在你我身邊，但沒人願意正視其存在。台灣人到國外旅遊，遇見裝滿中文招牌的唐人街便備感親切；但每逢假日，有誰願意去台北市中山北路靠圓山的「小菲律賓」或同路段靠台北車站一帶？一旦得面對身邊的東南亞，台灣人通常會選擇「拒絕看見」。拒絕看見他人的存在，也許暫時保衛了自己的純粹性，不過也同時拒絕了體驗異文化的契機。說到底，「拒絕看見」不過是過時的國族主義幽靈（就像曾經喊得震天價響，實則醜陋異常的「大福佬（沙文！）主義」），只會阻礙新世紀台灣人攬鏡面對真實的自己。過往人們常囿於身分上的本質主義，忽略了各民族文化在歷史上多所交融之事實。如果我們一味強調獨特、純粹、傳統與認同，必然會越來越種族主義化，那又如何反對別人採用種族主義的方式來對付我們？與其矇眼「拒絕看見」，不如敞開心胸思考：跟台灣同樣擁有移民和後殖民經驗的東南亞諸國，難道不能讓我們學習到什麼嗎？台灣人刻板印象中的東南亞，究竟跟真實的東南亞距離多遠？而真實的東南亞，又跟同屬南島語系的台灣距離多近？

台灣出版界在二〇〇八年印行顧玉玲《我們》與藍佩嘉《跨國灰姑娘》，為本地讀者重新認識東南亞，跨出了遲來卻十分重要的一步。這兩本以在台外籍勞工生命情境為主題的著作，一本是感性的報導文學，一本是理性的社會學分析，正好互相補足、對比參照。但東南亞當然不是只有輸出勞工，還有在地作家；東南亞各國除了有泰人菲人馬來人，也包含了老僑新僑甚至早已混血數代的華人。《菲律賓・華文風》這個書系，就是他們為自己過往的哀樂與榮辱，所留下的寶貴記錄。

東南亞何其之大，為何只挑菲律賓？理由很簡單，菲律賓是離台灣最近的國家，這二、三十年來台灣讀者卻對菲華文學最感陌生（諷刺的是：菲律賓華文作家在一九八〇年代以前，一度以台灣作為主要發表園地）。 東南亞各國中，以馬來西亞的華文文學最受矚目。光是旅居台灣的作家，就有陳鵬翔、張貴興、李永平、陳大為、鍾怡雯、黃錦樹、張錦忠、林建國等健筆；馬來西亞本地作家更是代有才人、各領風騷，隊伍整齊，好不熱鬧。以今日馬華文學在台出版品的質與量，實在已不宜再說是「邊緣」（筆者便曾撰文提議，《台灣文學史》撰述者應將旅台馬華作家作品載入史冊）；但東南亞其他各國卻沒有這麼幸運，在台灣幾乎等同沒有聲音。沒有聲音，是因為找不到出版渠道，讀者自然無緣欣賞。近年來台灣的文學出版雖已見衰頹但依舊可觀，恐怕很難想像「原來出版發行這麼困難」、「原來華文書店這麼稀少」以及「原來作者真的比讀者還多」——以上所述，皆為東南亞各國華文圈之實況。或許這群作家的創作未臻圓熟、技藝尚待磨練，但請記得：一位用心的作家，應該能在跟讀者互動中取得進步。有高水準的讀者，更能激勵出高水準的作家。讓我們從《菲律賓・華文風》這個書系開始，在台灣閱讀菲華文學的過去與未來，也讓菲華作家看見台灣讀者的存在。

序

《王禮溥心靈世界》部分初稿原刊於台灣中央研究院近代史研究所口述歷史叢書第五十八輯（一九九六年五月出版）。我於二〇〇一年三月十六日重新撰寫，至四月廿二日脫稿，使內容更為充實。在此期間我終日伏案疾書，雖然畫事暫輟，但當想到這「十七歲的夢，七十歲的回憶」初稿能夠於短短三十八天完成，在人生過程中了卻一個心願，卻也感到無限的欣慰。

九歲失恃，十五歲失怙，沒有顯赫的學歷，也沒有長輩的提攜。是上天特別關愛，使我度過少年時期的貧窮困苦，又能隨著自己的意願，珍惜自己存在的價值，開拓自己生命的道路。我是現實生活中一個平凡的人，如果有什麼與眾不同，那只是因為所選擇的工作性質迥異的緣故。宇宙廣闊無垠，浩瀚無邊，人生的歷程又是峰迴路轉，「登高山復有高山，出瀛海更有瀛海」，理想的追求是永無止境。一個人執著於摸索茫漠而漫長的道路，對自己所獲得的些許成果，只有感到自慰，激起自勉。世間沒有一事可以驕人，沉迷藝海，是一片癡心，也是一個意願。

胡適說：「人生應該有夢。」有夢始能獲得千秋百世的事功勳烈與日月同光，永垂不朽。然而，人的一生就時間上說是多麼短促，就體積上說是多麼渺小。追求美夢的實現，應該在豐富的生命過程中不斷地獻身參與，不斷地努力向上，不斷地持續創作，這樣才能確定生命的價值，也才能證實何謂「不朽」。

「晚年惟好靜，萬事不關心」。這些年來我是謝絕一切無謂的應酬，和一些不重要的美術活動。耳無俗聲，眼無俗物，胸無俗事。平時深居簡出，在家作畫讀書，含飴弄孫，天倫樂敘，真是樂在其中。生命是篇小說，不在長，而在好。所謂「好」，就是內容充實，形式精彩。遠離塵俗，心靈曠達漸入清境，現實環境中已沒有什麼外來力量足以形成為理想目標追求的羈絆。但願保持這種心境，六根清淨，逍遙自在，使我能對這宇宙繼續有所追尋，有所嚮往：無欲無爭，無憂無慮，活得快樂，活得隱秘。

我始終相信，愛別人的長處，原諒別人的缺點，可使人生充滿了美麗，充滿了光明。蘇東坡嘗說：「吾上可陪玉皇大帝，下可以陪卑田院乞兒。眼前見天下，無一個不是好人。」鄭板橋說：「東坡一生覺得世上沒有不好的人，最是他好處。」陳獻章說：「看天下沒有一個不好的人，胸次方見其大。」蘇東坡的生活能高妙到這種境界，實在令人無限神往。

我修身處世的基本信念是：「誠心做事，誠意待人」、「淡泊明志，寧靜致遠」。從事藝術工作雖然歷經坎坷潦倒，受到苦難的煎熬卻未嘗仰人鼻息，更未嘗將自己的畫當作商品推銷。人生過程中有高潮也有低潮，我為自己能堅守信念，堅守崗位而感到自豪。

早年曾在一本詩集讀到：

雪埋不住春天，
水淹不死稻種；
岩石壓不住樹苗，
暴力摧不毀希望。
有明天的人，
沒有眼淚。

活至二十一世紀才領略到生命的真諦，享受到人生的樂趣，瞭解到「天涯相依，生死相從」這句話確切的意義。

生命是一首寫不完的詩，
我們要用血與淚來充實它的篇幅；
生命是一首唱不完的歌，
我們永遠不能為它按下一個休止的音符。

二〇〇二年十二月二十五日

目　錄

021　主 編 序

在台灣閱讀菲華，讓菲華看見台灣　楊宗翰

——出版《菲律賓‧華文風》書系的歷史意義

025　序

031　憶我童年

043　淪陷三載

049　蟄居南島

059　畫夢成真

069　說我畫事

079　三大名家

091　德進南遊

109　荷展迴響

125　故國家鄉

159　電台訪談

175　畫展憶述

189　後　　記

191　【附錄一】「君子藝術家」王禮溥／王文選

197　【附錄二】淺談王禮溥／和權

201 【附錄三】訪問畫家王禮溥／許茜玲

205 【附錄四】荷花世界夢皆香／莊維民

208 【附錄五】風荷亭亭淩空吐紅
——談王禮溥及其畫／許郎

212 【附錄六】我的父親王禮溥／王珍妮

217 【附錄七】讀「王禮溥心靈世界」／禾木

219 【附錄八】讀「王禮溥心靈世界」／王文選

憶我童年

我的童年是於烽火戰亂中度過。

在記憶中，童年時候有二次逃難。前者是七七蘆溝橋事變後次年在廈門故鄉，後者卻是太平洋戰事爆發在菲律賓馬尼拉。二次死裏逃生，耳聞目睹，對日本鬼子慘絕人寰暴行所造成不幸的變故，刻骨銘心，此生此世永遠也忘不了。

一九三一年一月十九日，我於中國廈門禾山區祥店社出世。祖父華國公是前清貢生，在鄉裏創設一所書塾。父親錚民幼承家訓，十四歲時，每當祖父工作繁忙便代執教鞭。一九二六年父親與禾山領兜社陳素貞結婚。一九三四年奉廈門市市長王固盤之命任社會科科長。我們住鎮邦街，由大同路拾階而上，左邊明德小學，中間太原王氏祖廟，右邊便是我們的家。我在中山公園幼稚園讀了幾個月就進明德小學肄業一年級。一九三六年十月十日廈門市慶祝國慶，所有學校都選派童子軍參加大遊行。明德小學童子軍是漫長隊伍中的最後一隊，而我卻是最後一隊中的最後一個隊員。可能當時還沒有幼童軍，否則，以我的年紀實在是不夠資格當童子軍。揹著較我身材長一倍的軍棍，真是不勝負荷。那刻有「智、仁、勇」的皮帶扣縮到最後一格，腰間仍然鬆鬆地使我不得不用左手緊緊拉住以免短褲掉下。寬邊的童子軍帽頂在小頭上，猶如一個大鐵鍋於半空中搖晃，遮蓋著我的雙眼，使我只有跟著前面隊友的腳跟一步一步地前進，看不到周圍熱鬧的風光，卻很清楚地聽見路邊觀眾的嘲笑聲。

這是父親一生中事業的高峰，亦是我童年很美好的一段日子。最感到興奮的是晚上常常與大姐德蕙隨父親看戲。新世界戲院是規模最大的娛樂中心，大門正中劇場專演京戲，左側劇場歌仔戲，右側是電影戲院。父親喜歡京戲，通常我們看戲都坐在樓上前座，那是最好的位子，居高臨下對舞台上的表演看得清清楚楚。印象中戲碼看得最多的是「梅龍鎮」、「鳳儀亭」、「霸王別姬」、「武家坡」、「梁紅玉」、「龍鳳呈祥」、「將相和」、「四郎探母」和「玉堂春」。我最喜歡的是「武家坡」、「梁紅玉」和「四郎探母」。喜歡「武家坡」是因為薛平貴的扮相和那美麗的「帶風帽」。喜歡「梁紅玉」是因為戰金山那一套「紅女靠」和她擊鼓的英姿。而喜歡「四郎探母」卻是因為「坐宮」一段聽來過癮。至於「玉堂春」，看蘇三自始至終咿咿呀呀地哭個不停，「三堂大會審」雖經父親一再講解，還是聽不懂所審何事。反正當看得無聊時可以喝茶，喫綠豆餅，然後請父親要一條毛巾，便見那個子瘦小舉止行動像西遊記中孫悟空的服務生遠遠地右手一揮猶如放出一道白光，一條熱烘烘的毛巾便從半空中飛到臉前小桌上，而且落點準確。戲院裏總是滿座，大人們的吆喝聲，有時使人連台上演員的唱白也聽不清楚。然而，大家都習慣於這種現象，在熱鬧氣氛中，聽戲的還是聽他們的戲。

我第一次看默片電影是新世界戲院放映的「關東大俠」。女主角鄔麗珠，男主角查瑞龍。他倆在片中飛簷走壁，騎馬舞劍，真是令人著迷。「關東大俠」是明月影業公司出品，第一集拍於一九二八年，連續拍了十三集。第二次看的電影是「漁光曲」，文藝片雖是似懂非懂，卻也頗受感動，尤其是王人美與韓蘭根唱主題歌的幾個鏡頭，至今印象猶深。「關東大俠」是默片，為使觀眾了解劇情的進展附上字幕，同時還有一個說明者坐在二樓左側手執傳聲筒以廈語向觀眾詳細講解，有點類似雙簧表演。字幕我看不懂，說明者的講解也聽不懂，所喜愛的是鄔麗珠在片中高強的武藝和矯健的美姿。明月影業公司出品的默片繼「關東大俠」之後，還有由鄭小秋，夏佩珍，胡蝶主演的「火燒紅蓮寺」，數十集連續放映幾個月，場場滿座。此片放映時沒有說明者，以「杯酒高歌」為背景音樂，自始至終反覆地播唱著，看了數片，對「杯酒高歌救國軍，洒熱血，抗敵人」和「衝過去，衝過去！」也能隨聲唱和。父親任職廈門市政府，每有重要社團慶典或重點學校畢業典禮，他都以貴賓身分參加，有時也帶我去湊熱鬧，而中秋節我是每場都跟著他赴會。此外偶爾也隨父親乘專車進市政府，他在辦公室裏處理公事，我則在花園逗著幾隻可愛的小白狗嬉戲。

一九三七年，父親隨王固盤市長調任南京市政府。母親帶著大姐德蕙，二妹德芬，三妹德英和我返禾山祥店社，我進翠英小學唸二年級。翠英小學位於村口大路邊，一座凹形平房建築，前面有個大操場。學校上課唱歌的時間多於其他科目，給我印象最深的是〈長城謠〉、〈松花江上〉、〈義勇軍進行曲〉和那位上課時常唱得臉紅耳赤，聲嘶力竭的趙老師。還有就是教室後面那光線黯淡使人一進去就如置身陰間，好似有鬼影搖曳的廁所。

祥店社居民除黃氏外，另一部分姓陳，我們王氏是祖父早年來此住下的。家就在鄉裏最高的地帶，周圍房子不多。門前是一片大廣場，大門右邊有棵桃樹，每年五月開花結果。黃氏祖廟埕前有個池塘，塘邊近大路橫著一棵大榕樹，我放學後時常與村童在此垂釣，雖然從未曾釣到一條魚。星期日上午總會被打扮得整整齊齊地和大姐手牽著手跑到鄰鄉江頭社參加基督教主日學，為的是可以分到幾粒糖果。

一九三七年七月七日蘆溝橋事變，父親辭官歸故里。日本鬼子妄圖速亡中國，軍隊南北夾攻，老百姓抗日情緒高昂。日本打仗用步槍，中國用大刀，有關「大刀進行曲」歌詞：「大刀向鬼子們的頭上砍去，全國武裝的弟兄們，抗戰的一天來到了，抗戰的一天來到了……。」我們一群村童也各自製了一把木刀，課餘在黃水庭醫師兒子指揮下操練，因為，只有他會喊幾聲口令。翠英小學組織抗日宣傳隊，我也跟著參加到鄰鄉唱愛國歌曲，表演街頭劇「放下你的鞭子」。畢竟是六歲小小的年紀，也祇有隨隊友們舉著標語，緊握拳頭高喊：「打倒日本帝國主義」、「中華民國萬萬歲」充當吶喊助陣的小角色而已。鄉里沒有電燈，為防日機空襲，大家連油燈也不敢點。每當宣傳隊任務完成於學校操場解散，黑夜的四周寂靜得可怕，我懷著恐懼的心用顫抖的歌聲，連跑帶跳的狂奔回家。

一九三八年一月，日機開始轟炸廈門，民房被毀，百姓死傷慘重。五月九日晚上，父親與四叔父緊張地聚在一起竊竊私語，像是討論什麼嚴重的事情。十日早晨，突然聽到祖母大聲叫喊，慌亂中我們隨父親從房裏匍匐向前行進，爬過客廳時我抬頭一望，看見祖母以肥胖的身軀堵住窗口，窗外站著一個手執步槍的日本鬼子。我們一個接著一個爬到隔鄰無人居住的古厝後房，不久，闖進一對青年夫婦，女的懷中抱著一個嬰兒。父親眼見這麼多人擠在一起情勢不妙，領著我們轉至前房。當大家剛安定了下來，便聽見大門「碰」的一聲被踢開，有人進庭院。我是一家人中站在最前面的，倚靠在門邊，心驚膽戰悄悄地從半掩的門扉窺探外面的情況，祇見二個日本鬼子從低垂的桃樹各摘了一粒小桃子，一口一口慢慢地啃著。這時候，後房嬰兒哭了起來。日本鬼子衝進房去。接著是一陣咆哮聲，一陣哀求聲，然後，是一陣令人心驚肉跳的槍聲與男人痛苦呻吟聲，然後是女人呼天搶地的叫喊聲隨著日本鬼子響徹雲霄的狂笑聲逐漸消失在空間，接著是嬰兒一陣陣地哀哭聲。我又悄悄地從半掩的門扉向外望去，祇見那面目猙獰的日本鬼子正得意忘形地揮動手中步槍，槍尖刀刺進嬰兒的屁股，鮮血從刀沿滴下，染滿了褐色軍服。看著這令人毛骨悚然的慘劇，我魂飛魄散，手冷腳軟，感到一陣眩暈。也不清楚日本鬼子是怎麼離去，更不清楚我們一家人倚靠在小房間的牆壁下是怎樣度過漫長的一天。只恍惚記得，傍晚時分，我們由厝後側門衝出，密集的槍聲驀然響起，一家人便分散了去。父親緊緊地拉著我，我緊緊地握著母親的手。三人跑到鄉後躲進一間農舍，房裏大床上已擠著六個村姑，我們蹲在床邊。深夜，二個日本鬼子進房搜查，大家跪地求饒，他倆交頭接耳談了一番，就把農夫打扮的父親押走。母親以為此去兇多吉少，擁抱著我熱淚沾襟。直至天亮，屋外槍聲四起，父親雙手反綁忽然出現在我們面前。母親為他解開繩子，他形色慌張地說：「日本鬼子走了！」大床上那六個村姑奪門而出。父親仍然緊緊地拉著我，我緊緊地握著母親的手，三人跑到村口。只見一群一群逃亡的人，扶老攜幼，在炎陽淫威下，一村過一村。我們直跑到日落西山才於高崎與祖母、二伯父、四叔父、大姐、二妹、三妹聚合。那晚，僱漁船冒著彈雨槍林逃抵鼓浪嶼，父親才向我們述說，日本鬼子把他押至設於黃水庭醫師住宅的臨時總部，綁在庭院的大木柱。大約過了幾小時，電話不停的響著，氣氛相當緊張。可能是國軍反攻，日本鬼子匆匆撤退，父親終於在千鈞一髮之際逃過了生死關頭。

鼓浪嶼是外國租界，日本鬼子五月十三日佔領廈門，沒有立即進兵侵犯。我們逗留了幾天，父親便買船票帶四叔父和我赴香港。那天清晨，我們乘舢舨划近安慶號輪船，周圍已擠滿站立於舢舨上的難民，爭先恐後地搶登舷梯，秩序紛亂。船上英國海軍橫眉怒目，耀武揚威，手持木棍對那些已跳上船的搭客不由分說的使力揮打。父親為預防上船時發生意外，特地僱了一個工友照顧我。當我們焦急地等著上輪船，工友突然拉著我要躍到對面另一艘較近安慶號的舢舨，我正在躊躇，只見那舢舨突然失去平衡，一位身著黑色禮服，頭戴黑帽子，掛著金絲眼鏡，文質彬彬的紳士於霎那間沉沒海底。

到香港我們住西九龍福華街一葉姓友人家裏。葉叔叔來此已將近一年，二個女兒白天背著書包上學，晚上溫習功課，看他們在動亂時期還能專心求學，心中有說不出的羨慕。我們在葉家一個多月，便遷居九龍城。留在香港主要的原因是等候菲律賓三寶顏大伯父寄來旅菲居留證。在香港，父親有一次帶我去看了一場「新馬師曾」粵劇，因聽不懂廣東話，對那單調的彈唱感到索然無味，不禁為父親花了幾元港幣而心疼。逃亡期間，雖有大伯父匯款接濟，生活還是相當困苦，非但不敢想看戲，連喝一碗三分錢的「紅豆粥」也感到是種奢侈的享受。在香港常看到流落他鄉的國軍將領，坐在街道邊把軍帽動章和指揮刀放置身旁，用白粉筆在地上寫著他輝煌的戰績，冀望獲得過往路人的惻隱之心而給予施捨。父親和我每看到行乞將領，總會停下來對那動人的經歷詳細讀了一番。同是天涯淪落人，對窮途潦倒的英雄好漢總不免興起同情心。父親每次讀後，除了搖頭歎息外，也沒有能力贊助。看香港九龍路邊騎樓到處睡滿逃亡難民，父親常常含著滿眶熱淚為中國人不幸的命運而悲哀。

逃亡香港將近一年，我們才由北婆羅洲的仙打根經菲律賓蘇洛群島（JOLO. SULU）到達三寶顏（ZAMBOANGA CITY）。在一個風平浪靜的清晨，小輪船靠近碼頭。慈祥的大伯父身著白襯衫，白長褲，把我們接上岸乘車到住宅，然後帶我們上樓拜見大伯母。進早餐時，長桌上排著銀色餐具和白色瓷盤，一碟落花生，幾個煎蛋，在菲律賓是普通菜餚，對歷經千辛萬苦的難民，卻無異是山珍海味。當我嚥下一口熱滾滾的稀飯，不禁驚訝這世上竟然會有這麼美味可口的食物。這種感受，直至半世紀後的現在，還是記得非常清楚。

一九三九年五月，我進三寶顏中華學校，肄業小學三年級。六月，父親應馬尼拉百閣華僑學校之聘出任校長。十一月，三寶顏為迎接聖誕節在市政府對面廣場興建嘉年華會，為全市帶來熱鬧氣象。很不幸的，有個回教徒因他父親搭小輪船要還鄉，意外的在大海上沉沒。為了發洩心中的仇恨，經過拿督的特許，在一個週末晚上，穿著緊身白色衣褲，腰綁紅色圍巾，剃光眉毛。據說，這種打扮可以讓他死後騎白馬上西天。他一面跳著回教舞，一面揮動手中的大刀，逢人便砍。一個年老華僑來不及躲進店裏背後挨了一刀，屁股被砍去一半。殺人犯結果也被警察擊斃。就在這駭人事件發生後次日，我離開了三寶顏，搭輪船到馬尼拉與父親同寄宿於百閣華僑學校。

初到馬尼拉對一切都感到新奇。父親每週日早上帶我到華人區王彬街，給我五毛錢，這一天我可以自由活動。中午在菜仔店喫一碗牛肉麵，然後買一張半票的入場券在亞洲戲院前座從下午一時看到五時，才於約定地點與父親會合返百閣。先後看過的電影有：陳燕燕主演的「暴雨梨花」，陳雲裳的「花木蘭」，顧蘭君的「貂蟬」，袁美雲的「化身姑娘」，張翠紅的「王寶釧」、「秦香蓮」以及劉瓊的「文素臣」。在所有的明星中我喜歡周璇，她主演「馬路天使」身世淒涼，天真無邪的角色，可愛又可憐。尤其是梳著二條長長的辮子，紮著小花結，低頭咬著手帕，一扭一動輕唱「四季歌」，令人百看不厭。「四季歌」的流行使周璇成為銀幕上超級大明星。周璇主演國華的「三笑」和李麗華主演藝華的「三笑」鬧雙胞案，兩部電影在放映時都同樣轟動。除了電影外，當位於JUAN LUNA街的洪星戲院金牡丹劇團公演「西遊記」我也作座上觀。

馬尼拉華僑每年除了聖誕節和元旦外，十一月一日萬聖節也是一個很熱鬧的節日。凡是有先人安葬於華僑義山，萬聖節前一天便把墳墓打掃整理，那晚上就如除夕一樣。留在義山的人，有打麻將，有吹彈歌唱，有開懷暢飲，充滿歡樂氣氛。我每年是跟著葉萬雷姑丈、王彩鸞姑母到義山，高高興興地在那裏聽口琴隊演奏看熱鬧。

一九四〇年十一月十六日母親於鼓浪嶼往生，三個月後二妹德芬去世。一九四一年暑假我於百閣華僑學校上補習班，然後插班小學六年級。學校宿舍是在二樓，房裏三張床，黃文池老師，四叔父，父親和我合睡一大床。黃文池是美術老師，在他教導下我開始喜歡繪畫。這時期，全菲華僑熱烈支持國民政府對日抗戰，發起捐款獻機運動。百閣華僑學校高年級童子軍也奉派每日下午放學後由校車送至王彬街，背著貼封條的箱子向路人捐款，這種工作連續了幾個月。在校裏我積極參與學生自治會活動，被選為學藝股負責主編壁報，管理圖書館。有個星期日下午，父親出席董事會議，我獨自留在學校為打發無聊時間從圖書館櫥子裏抽出一本《水滸傳》翻閱，無意中看到「李逵救母」的插圖，為那粗眉大眼，滿頷鬍鬚的造型所吸引，便慢慢地讀下去。施耐庵出神入化的寫作技巧，深深地觸發我閱讀的興趣。

我平時讀書不求甚解，算術成績最差，畢業時名列第四，全班同學六名，事實上是倒數第三名。十月下旬，在亞洲戲院舉行全馬尼拉區華僑學校集體畢業典禮，百閣華僑學校五名畢業生集隊登上校車，我卻躲在禮堂大門後，父親找到了，責問我為什麼不上車？我說：「六個畢業生，名列第四，很不光彩。讓我再唸一學期，如不能爭第一，也要得第二。」父親卻不由分說地強推著我上車，我終於參加了由中華民國駐菲總領事楊光泩博士主持的畢業典禮，從他手中接到一紙珍貴小學畢業的文憑，這是我第一次，也是最後一次瞻仰到這位淪陷時為國殉職，留芳千秋，可敬父母官的翩翩風采。

百閣華僑學校位於馬尼拉市郊，學生一百餘名，華文教師七位。因待遇不高，華文教師不易聘請，父親寫信給鼓浪嶼的二伯父，請他代為物色，結果介紹鄰居林家一位剛畢業同文書院的女兒。她應聘後立即辦理移民手續，抵菲向學校報到是十二月六日星期六。星期日父親請這位新來的林靜痕老師到王彬街中國餐館晚餐，然後看國產影片李麗華，賀賓主演的「千里送京娘」，當然我是陪伴著他倆歡天喜地過著一個愉快的週末。

一九四一年十一月，我升中正中學初中一年級。每天穿著整齊的校服，胸前佩帶三角形的綠色校徽，手裏拿著課本，精神抖擻地搭電車上學。對於級任導師，我一點印象也沒有，卻記得教公民的鮑事天師，他前後只為我們上了三節課，然而，一日為師，終身為父。在離開中正中學半世紀後，我還有幾次和他聚餐晤談。十二月八日上午七時，學校舉行升旗典禮時，教務主任黃其華師報告說：今日凌晨日機大舉空襲美國空軍基地，消滅美軍所有戰機，並以大兵團登陸菲島中部LINGAYAN，太平洋戰事爆發，學校正式停課。在紛亂中，我夾著課本匆匆跳上電車趕回百閣。日機開始空襲，情勢嚴重，父親帶領林老師、四叔父和我到離馬尼拉十八公里的QUEZON CITY, NOVALICHES社，又開始了另一次的逃難。不同的是，這時我們之間多了一位林老師，她秀外慧中，恬靜寡言，格外給人感到和藹可親。

到了NOVALICHES我們在菜市後面租了一幢二層樓的木屋，日子卻也過得很清靜。父親恐怕萬一逃難失散我身上沒有錢，便給我菲幣廿元。二張五元，五張二元的鈔票，並指示我要把鈔票藏在腳底下襪子裏。這是我有生以來最富裕的時候，但，腳底下壓著幾張鈔票，走起路來，身體搖擺不自然，況且我經常出汗，鈔票壓在腳底下過久了恐會被汗水濕破。於是自以為聰明的想出了一個萬全的辦法，那就是慢慢地把這些錢花掉。計算每日花二元，要十天才能花光，而我天真的以為十天內戰事該已結束。可是，事實卻恰恰相反，十天過後，廿元的鈔票花光了，戰爭卻仍未解決。十二月廿六日，麥克阿瑟將軍宣佈馬尼拉為不設防城市。日本鬼子即將來了，父親決定回馬尼拉。可是，老舊的校車跑了幾分鐘便拋錨，我們下車向田間小路奔去。翌日早上，日本鬼子真的來了。我們在樹林裏躲了一天，大家肚子餓，父親答應司機和我回家取餅乾充饑。我倆走出樹林，躲躲閃閃來到菜市場附近，遠遠地看見一個矮小的日本鬼子，急急伏在大石邊，隨著那鬼子背影望去，祇見菜市場裏四根柱子綁著四個一絲不掛的女人，那日本鬼子走近其中一個裸女面前，把槍扔在地上，拉下褲子。然後，然後……我也不明白那到底做什麼，反正是成人幹的事。看著，看著，也忘了肚子餓，司機說，要橫過街道恐怕會被發現，便又奔回樹林裏。司機帶路，我們隨後逃到一個農家，徵求主人的同意便暫時住下。逃亡的行囊除了簡單的幾件衣服外，餘者是「水滸傳」，「三國演義」和林語堂的「京華煙雲」。我有時也跟著父親與林老師一卷小說神遊了大半天。不過，較多的時間還是和村童們騎水牛馳騁於田野間，或手執彈弓在大樹下守著鳥兒飛來。或與厝主的兒子帶著斧頭鋸子從樹林裏偷偷地砍下一棵大樹，劈成一節一節的小木塊，然後用牛車拖到村口馬路邊賣給那剛從馬尼拉來的馬車伕。在危機四伏的困境中，最令人擔心的是日本鬼子突然出現，否則，這種悠閒自在的生活，卻也別有一番情趣。

在農家住了幾天，大約是元旦過後，日本鬼子佔領馬尼拉，司機也告辭了回家去，四叔父經常有他的去處，厝主每日忙於耕種，我和村童們在外面嬉玩，家裏只剩父親和林老師。有時騎著水牛經過樹林，遠遠地看見他倆各自拿著一本書，各自倚靠在一棵大樹下閱讀，日子久了距離越來越近。有一次，父親患痢疾，林老師朝夕照顧，痊愈後她卻病倒，父親同樣的細心侍候。

於農村三個餘月，聽說馬尼拉淪陷，一切已恢復正常狀態，我們終於結束了這段逃亡生涯。

淪陷三載

一九四二年三月，由NOVALICHES回馬尼拉。父親曾任中國國民黨駐菲總支部監察委員，也是日寇通緝的對象。為免引人注意，我們在TAYUMAN街煙廠後面一座木屋租賃其中一間住下。父親賦閒在家，林老師在回馬尼拉後便住在百閣菜市場對面友人家裏。幾個月都沒有聯繫，我發覺父親終日愁眉不展，在他示意下我到林老師住處，要她與我們住在一起。經過我大半天苦苦哀求，她終於帶著簡單的行李跟我搭馬車到我們家。從此，林老師便成為我的繼母。由於父親排行第三，我稱她「三嬸」，我不知道這樣稱呼是否適當，也沒有向父親請示。但，在「心靈世界」，我應該稱她為「母親」。因為，她和父親相處只有短短四年，卻為他苦守了漫長的半世紀，撫養妹妹弟弟長大成人，這點恩情就足以使我感念不忘。

淪陷時期生活困苦，一日三餐稀飯，佐以豆芽、空心菜、偶爾煎一個雞蛋，便足以使我高興了大半天。年輕的母親料理家事，三年中未嘗出家門一次，未曾哀聲嘆氣，更未曾發過脾氣。我輟學在家，父親規定每日練寫大楷二張，小楷一張，我對書法獨好草書，一來龍飛鳳舞，生動活潑。二來寫時輕鬆，又節省時間。我以父親收藏的岳飛草書諸葛亮「前出師表」為範本。「前出師表」中有十數個「帝」字，在岳飛筆下，字字佈局迴異，各展風采。有一次，我在一張大楷寫了十六個草書的「帝」字，形態不同，父親看了也莞爾地稱讚一番。我平時除了讀父親向友人借來的「西遊記」、「三國演義」、「紅樓夢」、以及巴金的

「家」、「春」、「秋」，也讀五代李後主的詞。雖然對詞的含義是一知半解，讀到自己喜愛的如〈浪淘沙〉：「流水落花春去也，天上人間！」〈虞美人〉：「春花秋月何時了？往事知多少！小樓昨夜又東風，故國不堪回首月明中。」我把它抄錄貼在房裏的牆壁上。

父親來菲後獻身教育，淪陷時期沒有收入，交往的人又少，而米珠薪桂，不免經濟窘困，左支右絀。在苦難中給我們資助的有兩個人；一位是中路菜市雜貨店的賴叔叔，另一位是父親的舊同事。她於廈門失守後來菲在僑校任教，淪陷時因懂得日語，與日軍交往。每次我到她家，接到父親的字條，她便在我的草袋裏塞滿了東西，當然，其中也有日本軍用券。父親吩咐說，如有東西要小心攜帶，所以我也不敢去動它。

日寇佔領馬尼拉，局勢控制後，因鑒於華僑愛國意識強烈，便提出「東南亞共榮圈」口號，成立「華僑協會」，另一方面大肆逮捕抗日份子。一九四二年四月十五日，前華僑抗敵後援會小組七名委員被捕，在華僑義山，日寇命令他們自掘墳坑、然後加以刺殺。十七日，楊總領事光泩與莫領事介恩，朱領事少屏等八位館員同時殉職。一九四三年十月十四日DR. JOSE P. LAUREL宣誓就任菲律賓總統，馬尼拉表面上是逐漸平靜，然而，在華僑方面卻已有七個抗日游擊團體相繼產生。

回馬尼拉後，我經常到JUAN LUNA街和朋友們玩。四月炎陽天，我最感興趣的是鬥蟋蟀，三五成群上華僑義山，在缺牆土堆草叢裏捉蟋蟀。運氣好時捉到頭頸大，腿脛長，饒勇善戰的，還會率領眾弟兄到鄰街去遠征。這正是華人區花會風行的時候，主持者蔡氏成為僑社風雲人物。花會每日上下午各開一次，開前總先出示一首詩讓押賭者猜測，作為押賭參考，街頭巷尾也都以它為閒談聊天的資料，我常去的那一帶華僑都是花會迷。我年紀輕，又身無分文，在人群中是連湊熱鬧的資格也沒有。於是便開始轉移活動目標，到戲院看舞台戲。。我進AVENUE戲院是半票，由於身材瘦小，在擁擠的觀眾中，不論是坐著或站立著都看不到舞台上的表演，只好蹲在舞台左側地板上。看舞台戲次數多了，覺得歌星唱來唱去總是那幾闕歌曲，舞來舞去也總是那幾個花樣，慢慢地感到沒甚麼趣味。不過，最主要的原故還是因為不容易從父親那裏要到買門票的錢。我終於又轉移目標光顧賭場，在那裏可以看九甲戲，看模水圭，打排九，玩麻將。自己沒法賭，看熱鬧卻不必花錢。在華人區一帶賭場中，我最常去的是王彬街規模最大，賭客最多的一家。

淪陷初期，搭馬車一毛錢，電車（TRANVIA）只須五分。我有時沒錢搭車，便待電車開動，然後跳上車廂後面，雙手緊緊地攀住窗口欄杆，電車跑得快就隨風飄動。有一次看到一個孩子不慎跌下軌道頭破血流，我開始感到害怕。平時出門就徒步走路，從家到中路菜市大約廿分鐘左右。有一個早上，我由SALAZAR左轉王彬街過了小橋，正想走進賭場，遠遠地看見對面餐館旁邊有個路人於煙攤買香煙，當在燃火時，突然有人向他背後連發數槍。我心想，這可能是游擊隊的鋤奸行動，中槍的必是漢奸。漢奸沒有死去，負傷狂奔至亞洲戲院左邊木材廠，游擊隊隨後緊追，又是幾響槍聲始從容離去。另一個下午，我正從賭場出來，附近傳來槍聲，路人驚慌失措四處奔跑。聽說是抗日志士槍殺了一個漢奸。驚心動魄的事情看得太多膽子也壯了。心裏總是這麼想，反正我是個小孩子，不幸的事應該不會發生在我身上。還有，在日寇統治下，生命不值錢，所以，也就沒有什麼可怕的了。

華僑游擊隊的地下小報在華人區有時可以看到。血幹團的「導火線」、「丹心」，特工總隊的「前鋒報」，義勇軍的「大漢魂」，迫擊團的「掃蕩報」，華支的「華僑導報」。小報揭露日寇暴行，報導祖國戰訊、美軍作戰情況及抗日志士鋤奸工作。閱讀小報，我們知道戰爭已漸近結束。

一九四四年四月七日，妹妹德蘋出世。

七月，有一次日寇宣佈舉行軍事演習，馬尼拉晴朗的天空出現無數機群。開始時還真像是在演習，不多久，飛機便互相追逐，人們驚喜地發現美軍P-38雙身戰鬥機以陣陣的機關槍攻擊敵機。美日軍機於空中作戰，老百姓懷著興奮的心情在地上看熱鬧，每當看到日機中彈冒著濃濃地一股煙紛紛下墜，大家還熱烈鼓掌大聲歡叫。我正在門口看空中機戰，突然一顆子彈射到地上反彈從我耳邊飛過，穿透家的木板門，我嚇出一身冷汗。那天下午，我於菜市對面戲院旁邊一間麵包攤與人聊天。警報來了，我不顧一切的衝進對面雜貨店。一個煙販佔了我原來的位置，霎那間只聽得轟隆地一聲，強烈的火光四射，煙販雙手緊握淌著鮮血的右腳跳出麵包攤。八月，太平洋日寇節節敗退，企圖作垂死的掙扎，利用漢奸特務更積極地殺害抗日志士。九月，美軍轟炸日寇軍事基地，P-38雙身戰鬥機低飛掃射，高射炮無法阻止美機的攻擊，馬尼拉海灣日艦全部被炸沉。十月，麥克阿瑟將軍實踐「我將回來」（「I SHALL RETURN」）的諾言，在禮智省（LEYTE）登陸。日寇見大勢已去，便實行「搶光、燒光、殺光」政策。在暗無天日的恐怖中，僑胞如同俎上肉，任由敵人宰割。就在此時，有位故鄉私塾父親得意門生黃東海很懇切的邀我們到他家避難。東海叔家在距馬尼拉五十餘公里的NAIC, CAVITE。我們僱了一輛兩匹瘦馬輪值替換的馬車，上午七時由中路菜市出發，至下午七時始到達目的地。東海叔把我們安頓在他家鄰居一間小藥房樓上，供給我們米糧，使我們得以度過那段苦難的日子。

戰爭好像越來越劇烈，局勢也越來越緊張。從廣播電台聽到的消息，大家相信，重見天日的時候即將來臨。一九四五年二月，有位個子高大駕駛一輛飄揚美國國旗的黑色轎車，身著美軍軍裝，腰插短槍的華僑游擊隊到東海叔店裏。抗日志士的突然出現，我們不只感到興奮，更好像從他身上看到生命的希望。在談話中，知道他三次被捕於樹日街憲兵司令部備受酷刑，對日寇痛恨入骨，發誓報仇雪恥，見一個日本鬼子就殺一個，且砍下頭顱。他透露說，美軍於二月三日進入馬尼拉。王彬街大光明戲院、市區青年會和中路菜市一幢大樓屋頂都升起青天白日國旗。日寇作殊死戰，在百閣區一帶甚至用機關槍集體屠殺無辜老百姓，武士刀砍頭，火刑活埋，真是慘無人道。

二月廿三日，馬尼拉光復，日寇聚集於王城裏負隅抵抗，美軍配合游擊隊用橡皮小艇橫渡巴石河掃蕩殘敵，搶攻百閣區及巴西市，已成殘垣斷壁的王城不久便也攻陷。

這時候，馬尼拉是剩水殘山，哀鴻遍野。

蟄居南島

一九四五年三月，政府機關恢復辦公，商店也開始營業，我們告別了東海叔僱馬車返馬尼拉。經過無情戰爭的洗禮，馬尼拉是千瘡百孔，景物全非。我們仍住於原來的木屋，父親開始為籌備設立於華人區的大華學校奔波，我平時無事，便常到菜仔店和那肥胖的「阿公」閒聊。有一次，看見一輛美軍坦克車朝馬尼拉方向飛馳而去，一個身著白上衫左臂綁著紅色有青天白日國徽布帶的少女站在車上，披肩的長髮迎風飄揚，顯現著凌雲壯志的氣慨。「有熱血的中華兒女應該為國家奉獻」，我心裏這樣想著。

馬尼拉雖已全部光復，日寇殘兵卻還死守著市外幾處據點，有一個游擊團體徵召華僑青年充當先鋒部隊，基於一片愛國熱誠，我瞞著父親報名參加。原先通知三月十八日上午九時出發，可是在團部直等到下午二時負責運送的軍車還是未開來，父親卻突然出現，把我帶回家。到底他是怎樣知道我參加游擊隊而及時趕到的？至今還是一個謎。如果，父親沒有找到，我真的參加游擊隊上山殺敵，那又將會是怎麼樣的一個結局？

五月，華僑中學復校，我求學心切，持著父親致教務主任的介紹函，表明一九四一年肄業中正中學初中一年級，淪陷三年在家補習，希望進初中二年級。事實上，那時情況特殊，不少學生報名越級，對我，教務主任就是不批准。父親又寫了一封信懇切要求，教務主任堅持原則。沒有選擇餘地，我只好進初中一年級。不過，對於華僑中學，我還是心存感激，因為，它使我於馬尼拉光復三個月後即繼續已停頓了三年的學業。學期中，最感幸運的是楊賡堂師給我的鼓勵，每次我繳交的圖畫，不是九十八分，便是九十七分。我知道他給其他同學分數也同樣的高，這或許是他用以引起學生對美術發生興趣的方法。我被分配於乙組，級任葉向晨老師講解國文深入淺出。級長王淑賢是位品學兼優的模範生，同學中較熟稔而且後來還曾見面的有許振勳、張玉珍與林淑美。

八月六日，美國第一顆原子彈投下廣島。九日第二顆原子彈投到長崎。它威力的巨大，使舉世震驚，日本政府不得不俯首稱臣。天皇於十五日廣播發表終戰詔書，正式宣告無條件投降。麥克阿瑟將軍於密蘇里號艦上主持受降儀式，日本代表重光葵在文書上簽署，那是一九四五年九月三日上午九時四分。

父親籌備創設的學校即將大功告成，雖然身體瘦弱，心情卻好像相當輕鬆。他無意中發現到我腳上穿的那雙於路邊以菲幣十元買來的綠色軍用布鞋已破舊不堪，便到RIZAL AVENUE鞋店由我自己挑選了一雙皮鞋，價格菲幣八十元。這雙皮鞋是國產的，穿不到五個月鞋底即有裂痕，沒能力買新的，只有一直穿到鞋底斷為兩節才丟掉。

十一月，中正中學復校，我報名轉學，教音樂的王心齋師負責入學口試，他問我說：「做為一個中學生，你有什麼願望？如果參加課外活動，你要充當怎麼樣的角色？」我答道：「做為一個中學生，但願好好地讀書。如果參加課外活動，就應當有優越的表現。」

又問：「萬一將來很不幸淪落為乞丐呢？」

我說：「該不致那麼不幸。但萬一真是那樣，我要當乞丐頭子。」

王老師微笑著朝我看了一眼，口試就這樣結束了。

離開中正中學已經四年，要不是受戰事影響，我已是高中一年級。令人感到頹喪的是根據初中一年級的成績報告單，我只能升初中二年級。二年級乙組級任尤浩德師是我最敬愛的一位導師，雖然受她教誨只有短短地一學期，但她講學認真，對待學生諄諄善誘，如春風化育萬物。有一件事使我至今還記得的，是第一星期上作文課題目「我的志願」。在全班四十五名同學中，只有我這個品學不兼優，平時總是懵懵懂懂地，希望將來成為一個被認為是沒有出息的畫家，在第二星期作文課，尤老師一進教室，行禮如儀後，便指名要我把這篇洋洋六、七百字的「大作」當場宣讀。而且給我最高的八十五分，使我大有受寵若驚之感。

一九四六年，菲律賓由殖民地自治政府蛻變為民主共和國，總統競選活動開始。四月某一天上午，候選人MANUEL A. ROXAS在巴石河畔郵政總局大廈廣場舉行宣傳大會。我第一次看到這種政治活動，站在講台邊聆聽長達一小時餘的演講，雖然聽不懂他講的內容，卻也覺得相當有趣。七月四日，MANUEL A. ROXAS宣誓就任為菲律賓共和國首任總統。

父親創設的大華學校一九四五年十一月正式開學。為了工作上的方便，我們就住在學校。父親由於朝夕奔波，經不起過分的勞碌，竟一病不起。西藥都是舶來品，價格昂貴，沒有能力診治，終於在一九四六年一月回廈門故鄉調養，由大姐侍候。二月廿六日，弟弟禮賢出世。四月二日父親與世長辭，噩耗傳來，母親呼天搶地，痛哭流涕。要回國料理喪事，又缺乏川資，最後通知大姐，設法暫把靈柩寄厝「仙山」。學期結束，母親應三寶顏中華中學之聘任教務主任。五月，她把大華學校印信及收支報告繳交校董會，帶著我與三歲的妹妹和剛出生的弟弟離開這傷心地搭船南下。前後五日的航程，在大海上又遭遇颱風，驚濤駭浪輪船不停地擺動著。母親與弟妹於底艙，我躺在甲板布床上，頭暈腦脹，嘔吐了好幾次。待到風平浪靜趕至底艙，弟妹還是嚎啕大哭，母親怪我沒下艙幫忙照料弟妹，我實在是無法走動。

到了三寶顏，開始我們新的生活。這一年，母親才廿五歲。三寶顏尚未開辦華文中學，我在家讀書練習寫作。光復後的三寶顏百廢待舉，逐漸恢復常態。經過三年逃亡的生涯，一般華僑青年對社會活動工作顯示著積極參與的意願。三民主義青年團三寶顏分團宣告成立，並熱烈展開活動。我因為前年在馬尼拉同學介紹下成為團員，到三寶顏便也納入組織。青年團每星期六下午舉行週會，出席者相當踴躍，週會結束後便開始合唱團訓練。日本雖已投降，一般華僑青年愛國情緒還是相當激昂，合唱團所唱的也都是愛國歌曲

一九四七年四月，母親、我和弟妹搭船經馬尼拉回廈門為父親出殯。那天大姐帶領我們上「仙山」，母親哀聲痛哭，激動地用頭猛撞靈柩令人肝腸欲裂。父親的墳墓位於禾山區祥店社我家厝後二公里的小丘陵，背山面對寬廣的原野。在我們上「仙山」後的隔日，風水先生王醫師和我走到這丘陵，告訴我說，環視整個村落，這裏的風水最佳，我們就這樣決定讓父親在此安息。父親出殯後，我終日無所事事，時常獨自一人逛街。有個晚上，從中山公園出來，經過一間書店，看到一本徐訏的小說，潔白的封面正中兩個紅字「鬼戀」，順手翻閱了幾頁，覺得文筆簡鍊、故事動人。一問價錢，訂價金圓券八百元，我袋子裏僅剩一千元，自忖若買了這本書，明天的零用錢將成問題，不買又捨不得。站在書櫃前一頁一頁津津有味的讀著，正當故事進展漸入佳境，一個戴深度近視眼鏡的女店員走近我身邊問我到底買不買，我一時答不出話來，紅著臉把書放回原處。那夜躺在床上輾轉難眠。次日，到書店把它買下，回家連續讀了二遍，從此迷上了徐訏的小說。

有一天，閒來無事，搭輪渡到鼓浪嶼專誠拜訪尤浩德老師。那時候，她繼續於大學求深造，正在家整理資料，囑我幫忙抄寫。直至日落西山，我始告辭回家。她吩咐我翌日再去，然而，年輕好動的我，對這單調的抄寫工作，真有點感到不耐煩，沒有再去。三十餘年後，在三寶顏突然接到她的一封信：「禮溥學弟：每次收到你舉行個展的請柬，或在報章雜誌上讀到你的文章，便想和你見見面，敘敘闊別數十年的風風雨雨。我雖久居馬尼拉，巴石河南的街道仍十分陌生，又缺少一個同伴，因而錯過一次又一次的機會。未能親往欣賞你的作品，深覺歉疚，但對於你的成就有難以言喻的快樂。

我曾向人打聽你三寶顏與馬里拉的住址，都沒有回音，去月十八日讀你在聯合日報刊載的『席德進與我』一文，我想，向報社打聽應無不知的道理。我託一位摯友代查，這封早於上個月寫好的信才得以寄出。

以後如再來馬尼拉，便中請掛電話至僑中或舍下。佳節瞬將來臨，順祝闔第聖誕快樂。尤浩德。一九八一年十二月五日。」

一星期後，我由三寶顏返馬尼拉，立即掛電話給尤老師。那晚上駕車到她位於計順大道的府上，在庭院停了車，走進大客廳，眼見恩師身體仍然健康如昔，內心有說不出的欣喜。我們從牆壁上懸掛的名人書畫，談到我年來的美術工作狀況與即將於台北舉行個展的計劃；從風雨飄搖中菲國僑校所遭遇的困境談到光復初期中正中學的情景。尤老師依然是那麼健談。臨別時，無意中想到當年那篇「我的志願」。我說：老師，也許您已不記得，一九四五年第一次上您的作文課，在「我的志願」文中我說將來要成為一個畫家，雖然自從學畫以來，舉行過幾次個人畫展，還是不敢以這一點點成績而躊躇滿志。但，可以告慰老師的是，時至今日，我還是執著於自己要走的道路。與尤老師分手八年後，曾經打了幾次電話到她府上，總是無人接聽。後來才獲悉她已移民美國芝加哥。

在廈門我與母親住外祖母家，大姐居廈禾路，三妹德英和祥店社祖母作伴。我幾次回鄉正值天氣炎熱，每日清早起床就上山灌蟋蟀。三妹一手水壺，一手麵包，跟著我到處奔跑。二個月的時間匆匆消逝，我與母親感到這樣總非長久之計。有一位朋友在我寫信要求下匯款給我買船票。返馬尼拉後，我寄宿於華人區友人的小房間。門邊是寫字桌，桌後帆布床是同房一位小學教師曾先生用的，友人的床就在寫字桌左邊。地板的空間只能容納舖一張單人草蓆，我就睡在這草蓆上。因為自己是無業遊民，每日三餐不繼，他倆白天工作，晚上又常不回來，彼此很少見面。那友人是華文報記者收入有限，能讓我有個棲身之所，我已是無限感激。在馬尼拉舉目無親，學無專長，既缺乏工作經驗，又沒有特殊背景，真是惶惶終日不知何去何從。以前籃球隊稱兄道弟的隊友們也都不見了，無意中想起父親一位故交李叔叔，當年在廈門父親對他關照備至，我想他該會雪中送炭給我一點資助。到李叔叔的百貨店專誠拜訪，表明來意後。我說：「如果有可能，借我幾百元寄給母親作為回菲川資。如不可能，希望給我一點錢度日。」他抬頭望了我一眼，叫我下午再去。聽了他的吩咐，我興高采烈地跑回住所，午餐沒著落飢腸轆轆便倒頭大睡。下午再奔向李叔叔店內，出人意外的，他一見面便開口對我訴說父親生前的不是。聽了李叔叔一大堆怨言，我百感交集，也不知如何應答。最後，他從玻璃櫃裏取出一個黑色皮夾丟在我臉前。說：「這皮夾就算是我給你的一點小意思。」袋子裏連一塊錢也沒有，皮夾對我又有何用？我含著淚水低頭走出李叔叔的百貨店。在絕望中意外邂逅以前於三寶顏附近小島上一間華校任教的陳先生，當他知道我的處境後，很慷慨的借給我菲幣三百元。我買了一張南下三等艙船票，然後把剩餘的錢全部寄給母親，母親接到匯款後也搭輪船返菲。

天不絕我，終於又回到三寶顏。這無家可歸的流浪子再出現，伯父母沒什麼表示。對我來說，不論是否受歡迎，我還是要住下來，因為這是我延續生命唯一的辦法。三寶顏青年團成員有的赴馬尼拉升學，有的建家立業，一年前那股熱潮早已消失。但，團部還是需要有個幹事，我就應聘擔任這職務，月薪菲幣一百元，這是我有生以來第一次做工領到薪水。一九四八年，母親在馬尼拉中西學校執教，一年後又回到三寶顏中華中學（此年開始辦中學）。處於窮鄉僻壤，華文教師難求，加以政府教育局對華文師資沒有任何規定。在呂啟暉校長邀請下，我濫竽充數很大膽的擔任美術教師兼小學三年級任。教室就在校舍左邊，正是九年前我肄業小學三年級的那一間。教師月薪二百五十元，使我的生活開始有了新的轉變。上午教書，下午批改作業，準備教材，放學後打籃球運動，晚上學小提琴。周末便攜帶照相機到野外拍攝風景照片寄香港中華攝影雜誌發表，其中幾幀還被選刊為封面插圖。此外，我開始練習風景寫生，臨摹FERNANDO AMORSOLO的菲律賓風情畫。雖然，對藝術的興趣是多方面的，我真正的願望卻是成為一個畫家。

這一年，我開始了十七歲的夢。

執教中華中學我住在校園裏的宿舍，課餘之暇到圖書館借書閱讀。一九五〇年，開始學習寫作。一月，新詩〈期待〉於公理報何祖炘先生主編的晨光副刊發表。二月，散文〈悼〉在大中華日報文華副刊刊載。那正是我傾心拜倫，雪萊，惠特曼及冰心，馮至、徐志摩的時期。以為新詩既不必如傳統詩的講求聲韻，亦不必像小說的注重結構，是以習作大都以新詩為主。但當對文學理論作更進一步的探討，體悟到新詩易學難工，而散文的世界浩如煙海，大至宇宙乾坤，小至生活瑣事都可入文。它是作者接觸現實環境與自然景物所抒發情感和思想的記錄，是作者學識、修養、性格最具體，最直接的表現。瞭解這些理論，掌握了寫作的路向，當胸中思潮洶湧，便以散文形式表現出來。在閱讀方面，我重溫中國四大小說，施耐庵的「水滸傳」，羅貫中的「三國演義」，吳承恩的「西遊記」和曹雪芹的「紅樓夢」。同時涉臘西洋的莎士比亞、托爾斯泰、福樓拜、莫伯桑、海明威以及中國名家魯迅、巴金、老舍、沈從文、林語堂、梁實秋的著作。

一九五〇年五月，我被三寶顏一僑團推選為代表，出席在馬尼拉舉行的全菲性代表大會。三寶顏代表五名，其他四位都是有名望的僑社領袖。這是我有生以來第一次穿西裝打領帶，開會時也跟著以國語發表言論，年少無知，卻也意外的獲得幾位前輩的讚賞。會議前後五日，有一次在休息時經過隔街以前我寄宿的那友人住所，回想當時落魄的情景，前塵影事，歷歷在目。我卻也為自己能於短短三年中找到一份稱心如意的工作而慶幸。

三寶顏中華中學新任校長王心齋，就是一九四五年十一月我報名中正中學主持入學口試，後來教我們音樂的老師。心齋校長中英文造詣深湛，曾主編華文報副刊，翻譯英文詩，因此，我們每於下午空閒時談音樂文學。在他鼓勵教導下，我也嘗試翻譯了幾首英文詩於新閩日報發表。不過，那只是一種練習而已談不上有什麼心得。心齋校長支持我在校裏組織美術研究社，假日率領卅餘名社員到野外寫生。一九五一年三月十日在LANTAKA旅社舉行師生作品聯展，這是三寶顏市首次美術活動，並沒有引起社會人士的注意。

我與鍾金英於一九五〇年訂婚，一九五一年五月廿七日結婚，婚後仍與母親住於校園裏的宿舍。一九五三年四月廿六日長女珍妮（JENNY）出世。在徵得妻的同意，珍妮一歲後，我辭去學校教職，告別妻女，毅然北上到馬尼拉。

畫夢成真

一九五四年五月下旬，我隨著幾位畫友擁至聖都瑪斯大學附屬美術學校（UNIVERSITY OF STO TOMAS, SCHOOL OF FINE ARTS）報名。他們都是三年級學生，為冀能互相切磋，我便也選修人物畫。插班生必須獲得系主任特准，我戰戰兢兢地踏進依達理斯教授（PROF. VICTORIO C. EDADES）的辦公室，他手握菸斗，凝視著我說：「沒有受過素描訓練，就學人物畫，是不是真有把握？」自忖教了幾年中學美術，又練習過風景寫生，對自己的繪畫能力滿有信心。回答道：「該是會有點把握，希望讓我試一試。」就這樣經過了簡單的對話，我如願地進入夜間部學人物畫。第一星期上課，台上坐著一個鄉村姑娘打扮的模特兒，四十五名學生各自推著畫架爭取自己適意的位置。我是插班生，初畫人物不敢在諸學長面前獻醜，便把畫架安置在最後。手執木炭筆，面對著俏麗的模特兒，一時茫然不知從何畫起。依達理斯教授巡視到身邊，看我遲遲不能下筆，向我解說人體的比例和色彩的調配，簡略地在畫板上打了一個輪廓，我便順利的繼續畫下去。二星期後，終於完成了有生以來第一幅人物油畫。學校上課的時間是每星期一、三、五下午五時至九時，每個模特兒畫二星期。聖都嗎斯大學是天主教設立的，不能畫裸體模特兒。依達理斯教授每在學生畫完一個模特兒後，從四十五幅習作中挑選成績較優的八幅，依次序懸掛在教室外的牆壁上。我認真學習了幾個月，便逐漸能掌握人體的形態。至上學期將近結束開始榜上有名，首次被選為第七，然後進列第五、第四。下學期結束，美術學校慶祝銀禧紀念舉行人物油畫比賽，我的一幅習作又很僥倖得榮譽獎第一名。

一九五五年，蜆殼石油公司主持全菲學生美術比賽，我的一幅油畫「夜景」榮獲特別獎，被選為一九五六年日曆插圖，作品並由蜆殼石油公司收藏。八月六日在北方汽車公司展覽，由菲總統墨賽賽夫人（MADAM LUZ BANZON MAGSAYSAY）主持揭幕禮。比賽分為「現代派」與「保守派」二組，每組三名，特別獎一名。七名得獎人中五名是依達理斯教授的門生，這種不尋常的成績，使依達理斯教授感到很高興。

一九五六年，油畫作品「夜的守望者」參加第六屆全國學生美術比賽。展出時為英國駐菲大使BRITISH AMBASSADOR GEORGE CLAUTON訂購。自此以後，我不再參加任何美術比賽。

一九五七年，我想在美術學校選修風景畫。風景畫上課的時間都排於上午，與我在巴西中華學校教書的時間衝突，我要求依達理斯教授與風景畫導師磋商，讓我在課外自己作畫，每學期按照規定繳交習作八幅。礙於依達理斯教授的情面，那位導師勉強接受，只是對我卻採取不過問態度，每次把畫交去，他只是記下分數。冷冷地說聲：「很好，很好。」一學期過去，我沒有從他那裏學得絲毫有關風景畫的常識和表現技法。

那是在一個晚上，當我和幾位同學從學校出來，意外遇見一位前輩畫家，談到習畫的事。他說：「生為優秀的中華兒女，且已有相當繪畫基礎，實在可以發展自己應走的道路，培養自己的繪畫風格，在美術學校所能學到的畢竟相當有限。」他的話使我們豁然貫通。一九五八年，我們幾個畫友便同時休學，各奔前程。

一九五四至五八年，前後四年，在繪畫上對我影響最大的有三位導師：依達理斯教授，ANASTACIA MAMUYAC助教和顧斯都里奧師。還有一位令我感念不忘的畫友LETECIA CUSTODIO。

依達理斯教授一八九五年十二月廿三日出生，一九一五年，轉進PANGASINAN中學，各科成績優越，並於全校演講比賽榮獲首獎，畢業時得到華盛頓大學獎學金赴美深造。一九一九年四月他和五位同學搭日本客輪經過一個月的航程抵達舊金山，然後由西雅圖轉華盛頓，在華盛頓大學選修設計工程。由於朝夕伏案繪圖，胸部劇痛，遵醫之囑返菲調養。第二次再到華盛頓大學轉修美術系，並創作畢業論文巨幅壁畫「造路的人」（「THE BUILDERS」48×125.5英寸），這幅精心傑作，後來為菲律賓文化中心所收藏。

在美國九年，依達理斯教授所學習到的繪畫理論與技法都是屬於歐洲的。他終於發覺到，美國這年輕的國家與菲律賓一樣的還沒有屬於自己的文化。於留學期間認識了JEAN CARROTT，經過一段時間的交往，JEAN便成為他的模特兒和愛情的俘虜。一九二八年，依達理斯獲得碩士學位與JEAN完成終身大事，然後雙雙回到菲律賓這他熱愛的祖國。他壯志凌雲，懷著滿腔熱誠準備把在國外所學的獻給國內同胞，可是，現實環境卻使他大失所望。馬尼拉沒有畫廊，沒有美術團體的組織，在這裏，想以繪畫作為專業是異想天開。他於十二月舉行首次個人畫展，那是回國的一個月後，地點在菲律賓哥倫布俱樂部（THE PHILIPPINE COLUMBIAN CLUB, ERMITA, MANILA）展出作品卅幅，風格大都屬於變形的後期印象派，其中以「造路的人」最引起觀賞者的注意。這次個展，他把現代畫介紹給菲律賓，雖然在當時保守的社會中，未能獲得輿論界支持作品連一幅也沒有售出。

一九三〇年，他放棄馬波亞工學院講師職位，為聖都瑪斯大學籌備創辦設計工程系，並兼代系主任。一九三五年，依達理斯教授為聖都嗎斯大學增設美術學校，在他孜孜不倦教導下，為菲律賓藝壇培養無數傑出人才。一九五五年，依達理斯教授被選為菲律賓美術協會會長。依達理斯教授平時說話聲調溫和，態度懇摯，他誨人不倦，對自己的課務從不敷衍塞責。在繪畫上，他不要求學生模倣他的風格，而鼓勵自我表現。嘗說：

「學習繪畫要有耐性，才能慢慢地發揮天賦的藝術才能。要忠於自己的工作，才能創造出成功的作品。」

「一個成功的藝術家，必須熟讀藝術發展史，也要涉獵音樂、文學與哲學。不要把自己的興趣局限於固定的範圍裏。」

對於繪畫風格，他認為：

「風格是隨著人的知覺而改變，不要擔憂它的改變，那是種自然現象。因為，當一個藝術家改變了他對人生的看法，也必定同時改變了他的繪畫觀念。」

「受到大師們的影響並不同於模仿。模仿是直接的抄襲，它妨礙藝術的發展。多少傑出名家受到塞尚的影響，但他們並不畫得與塞尚一模一樣，而是從後者獲得創作的力量，然後發展成為自己的風格。」

依達理斯教授對菲律賓另外一個貢獻是積極致力於提倡現代畫。數十年如一日，始終堅守自己的崗位，德業彪炳、勞苦功高，因此，被尊稱為「菲律賓現代畫之父」。一九七六年三月廿七日菲律賓政府頒予「國家藝術家」獎譽。第一夫人MADAM IMELDA R. MARCOS於頌詞中說：「依達理斯是菲律賓新舊藝術交替中的一座橋樑。他的成就，是他人花費幾世的心血也難以達致的。」

一九八五年，依達理斯教授逝世。

三月十三日在菲律賓文化中心舉行追思會，洪救國，R, OLAZO與我出席參加。

ANASTACIA MAMUYAC是依達理斯教授的得意門生。一九五二年畢業即留學西班牙，二年後回菲任助理講師，她外型最大的特徵是沒有雙手，右臂只到肘部，左臂約只有七、八英寸長。但她卻鍛鍊得與正常人一樣，很自然的運用雙臂作畫、寫字、夾湯匙喫東西。作為助理講師，她教導學生極認真。我們這一群同學包括王文言、蔡長柏、丁平來與她亦師亦友，每次放學後經常結伴走出校門。一九五八年我們離開美術學校，後來聽說她赴西班牙，在那裏結婚，從此便失去了聯繫。

在顧斯都里奧師畫室習畫可說是相當偶然的。那是一九五四年開學後不久，顧師的畫廊位於1130 A. MABINI街，我與幾位畫友在一個星期日下午拜訪他。當他知道我們學畫的意願，便欣然接受。學費每人每月三十元，時間是每星期二、四、六下午六時開始，地點就在二樓畫室。

顧師繪畫技巧高超，色彩沉厚和諧，筆觸奔放活潑。在他教導下，我們學會怎樣用筆，怎樣調配顏色及其他有關繪畫的基本常識。我最喜愛的是他的風景畫，星期日若不到野外寫生，便獨自在畫室臨摹他的作品，幾乎到了可以亂真的程度。由於受影響太深，以致後來花了很久長的一段時間才慢慢地從他的陰影下走了出來。在顧師那裏我們第一次畫半裸體模特兒是一個中年婦人，到畫室時還帶著一個竹籃，我們推測她很可能是菜販。

一九五五年，顧師的女友FLORA在畫廊出現。有一個週末，大約在下午一時左右，我與她正在樓下談天。突然聽到「碰」的一聲，FLORA說：「也許是老師又暈倒了，昨晚到現在連一點東西都沒吃。」她說話時神色自若，好像這種事是時常發生似的。我不大了解顧師的經濟狀況，不過，作為一個專業畫家，作品銷售對象都是外來旅客，市場不穩定，經濟困難，也可說是很正常的。聽了FLORA的話，我急急地到附近餐館買了三碗牛肉飯。其實，我也一樣的還沒有喫午餐。

顧斯都里奧師一九一二年三月十八日於TANZA, CAVITE出世。一九三九年畢業菲律賓大學美術學校。一九五二年於TAFT AVENUE開設畫廊。一九五三年所作靜物畫參加菲律賓美術協會半年展，榮獲保守派第二名，另一幅作品得最佳風景獎。次年「AFTER THE STORM」又獲第二獎。一九五五年「PANTALAN」再得第二獎。十月，「MY FISHING VILLAGE」榮獲THE UNITED NATIONS INTERNATIONAL COMPETITION大獎，作品為紐約聯合國大廈收藏。一九五六年組織THE ACADEMY OF FILIPINO ARTISTS.每年四月於馬尼拉大旅社對面LUNETA公園舉行露天聯展，連續十一年。一九五九年為THE INSULAR LIFE INSURANCE CO.,作壁畫，一九七〇年於美國NEW YORK, CHICAGO, SAN FRANCISCO等地作巡迴展覽。一九七五年組織「TALAHID ART GROUP」。

一九九三年八月廿日顧斯都里奧師於TANZA. CAVITE逝世。

LETECIA CUSTODIO與ANASTACIA MAMUYAC是聖大美術學校同班同學。前者是顧師的宗親，我們進顧師畫室習畫不久，便時常聽到她和一位學聲樂有西班牙血統的朋友在樓下小客廳唱歌，後來，那朋友消失了，只剩下她一個人。她不帶手錶，每次我們在作畫時總到樓上問一聲：「JAMES，現在幾點了？」起初，我有時也會因此而感到不耐煩，當作畫正進入狀況，停下筆來看一看手錶，心思分散靈感便隨之消失。可是，那親切的態度，卻使我樂於與她接近。就這樣我們作畫時她總會忽然出現，也因為這樣彼此逐漸熟悉。後來她住進畫室後面的小房間，顧師就在畫室睡覺。我剛拜師學畫，技巧未臻成熟，常常為無法表現得隨心所欲而苦惱，LETECIA總給我鼓勵。顧師不在畫室時，她偶爾也會自動作為模特兒給我寫生。

一九五六年，顧師把畫室遷至ISAAC PERAL街，空間有以前一倍大，依舊是樓下畫廊，二樓畫室。沒有睡房，顧師另外租賃一幢住宅。LETECIA又回到CAVITE，每星期一、三、五搭公共客車到聖大美術學校與我們一起練習人物畫。放學後相偕走出校門，通常我倆在GALAXY戲院旁邊餐館喫三明治，飲汽水。然後搭SAULOG公車，我於近巴西中華學校的HARRISON街下車，她則獨自回CAVITE。

為了便於作畫，LETECIA每星期日上午到巴西中華學校。這正是我熱衷練習小提琴的時候，她要我作為模特兒，擺著演奏小提琴的姿勢。素描畫了二次，開始作油畫不久，我因為那天清早玩籃球，精疲力倦，當擺姿勢坐久了，左手一鬆，夾在肩膀間的小提琴掉落地上粉身碎骨。隨著小提琴的粉碎，週日停止作畫，我倆無形中便逐漸疏遠。直到有一天下午，記得是在一九五七年一月，我手提畫箱到了美術學校門口，遇見A, MAMUYAC把我拉上客車。到了A. MABINI街，才知道LETECIA已經結婚，正在舉行首次個人畫展。牆壁上懸掛的有幾幅是我們以前在野外寫生的作品，她一幅一幅地向我訴說當時作畫的情景。

一九七七年我在凱悅畫廊舉行個展，成績出人意料的美滿。當主持人把售畫所得的款額菲幣十幾萬元交給我，在當時這是個不小的數目，我立刻想到LETECIA。那時候她住在CAVITE市，在一條僻靜的小路，木板籬的平屋，四周是翠綠的草地，幾株高大的芒果樹。我們下了車，遠遠地看見LETECIA依在門邊，她問說：「有什麼事？」我告訴她想看畫，她輕輕地說：「不是這時候，不是這時候。」聽她的語氣，感覺其中必有原因，我們只好告辭。

一九八二年，有一天到顧師家，我託顧師母NATY代約LETECIA於星期日見面，她未如期出現。第二個星期日我又因事遲到，就這樣一直到一九八七年她去世，我們沒有再見一次面。

LETECIA天資聰穎，領悟力強，繪畫技巧成熟。只可惜有生之年未曾有過平靜的生活讓她安心作畫，否則，在藝術上必定會有著斐然的成績。

一九五七年暑期，我應僑社主辦單位的邀請擔任菲華青年軍中服務團第九中隊領隊回台灣接受駕駛T-6飛機訓練。開學典禮由教官講解飛行原理，T-6機性能及保險傘穿著法。上午飛行課程包括：地形識別，感覺飛行，平直飛行，大中轉灣，上升下降，基本編隊。下午地面教育講解：飛行學，飛機學，空軍常識，發動機學，中國空軍史，中國近代史。四十七名隊員分為九組，每組一架T-6機，我個人專用一架每日飛行的時間較為充足。訓練時最令人興奮的是基本編隊，每隊三架飛機，在帶機教官指揮下從岡山飛至高雄，然後於海上低空並列飛行。五月五日舉行結業式，我除證書外，還獲得空軍官校校長頒予飛行員勳章一枚。

我自一九五五年開始於巴西中華中學執教，第一年任訓育主任，月薪二百四十元。次年為了想有更多的時間習畫，辭去主任一職，月薪只有一百八十元。津貼膳食費八十元，洗衣及車資各十五元，共一百一十元，剩下七十元，花錢不得不精打細算，週日看場電影是很愜意的享受。然而，有幾個音樂會還是買了門票去欣賞，其中最難忘懷的是一九五七年十月九日下午在ST. SCHOLASTICA'S COLLEGE的ST. CECILIA'S HALL美國黑人歌唱家MARIAN ANDERSON的演唱會。她的一曲「AVE MARIA」（FRANZ SCHUBERT）至今四十餘年，好似猶在耳邊縈繞。而那本白底黑字的紀念特刊，我還珍惜地收藏著。

一九五四至一九五八年，四年中我學習所得到的是有關繪畫的一些普通常識。離開美術學校，我攜帶畫具回南島三寶顏雲遊四方，展開了另一個階段的繪畫生涯。這期間，沒有職業，沒有固定收入，經濟拮据。然而，畫夢成真，生活過得很充實，也很怡然自得。作為畫家是一種追尋，一份執著，一片鍾情。相信只要鼓起勇氣，堅強地面對現實，有一日撥開雲霧見青天，理想總會得到實現的。

流淚播種者，必能歡樂收割。

說我畫事

三寶顏是菲律賓南島以山明水秀，景色宜人聞名遐邇的城市。我回此後，為積極籌備首次個人畫展，每天到野外寫生，這時期的風格是以畫刀代筆，畫面上呈現朦朦朧朧的效果。距市中心五公里的PASONANCA，崇山峻嶺，小橋流水人家，眺望碧藍的海洋，天連水，水連天，廣闊悠遠。PURONG BATO山是我最喜歡描繪的題材，也許由於我經常出現，引起附近居民的注意。有一天早上，當我正在一棵大樹下聚精會神地作畫，忽然聽到背後有人說話的聲音，回頭只見一位市議員和一個陌生人交頭接耳。他倆看到我，像是恐怕我會溜掉似的奔跑到我身旁。市議員介紹說跟他來的是警官，那不穿制服的警官問我在幹什麼？我說：「寫生。」他又問：「作何用？」我告以籌備個人畫展。警官突然很嚴肅地說：「有人報告說你是在畫地圖。」「地圖該不是這樣畫法的。」我聽了感到好笑：「現在是昇平世界，設若菲律賓與外國宣戰，我想，三寶顏這地方也不可能重要到令敵國派人來描繪地圖。」倆位官員似是從我臉上的表情領略到我內心鄙視之意。警官態度開始軟化，問我有什麼可以作為畫家身分的證明，我從衣袋裏取出菲律賓美術協會會員證，倆人便轉身離去。

PORT PILAR附近海濱是另一處令我留連忘返的地方，黃昏時節在海灘上觀落日景色，真是賞心樂事。看天空染成一片緋紅，寧靜的海洋歸帆點點，海鷗翩翩飛舞，這景象是詩的境界，也是音樂的境界。RIO HONDO為回教徒聚居的村落，水上茅屋富有獨特的民族色彩。有時候，當風平浪氣，我隨友人的輪船遨遊三寶顏附近小島TALUSAN, ALECIA和MARGOS。將近一年的時間，白天作畫，晚上和友好尤奕杯，吳清泉，林金洋，黃團黎，林維景在LANTAKA HOTEL閒聊。

在三寶顏終日作畫，一個時常跟我習畫的中學生，準備畢業後進馬尼拉聖大美術學校深造。有一天，他年老的祖母駕臨我家，告訴我說她只有這一個孫子，希望將來進大學選修商科學成後投身商場，懇求我給予一條生路，不要鼓勵他向美術發展而誤了他的前途。

一九五九年一月，我搭船到馬尼拉，帶著廿幅油畫和簡單的行囊上船，皮夾裏僅有四張二元的鈔票。抵達馬尼拉碼頭給服務生小費二元，搭計程車二元，剩下菲幣四元。寄宿於母親誼姐李德善阿姨家，正擔憂萬一這值得珍惜的四元也花光了，又將如何是好？恰巧此時菲華美術協會準備組團到台北、台中展覽，正發動對外捐款，規定經手人可得佣金百分之三十。他們擬了一份名單，要我協助捐募。我詳細看了一遍，發現其中有莊萬里先生的大名，久仰他是菲華儒商，收藏不少古代名畫，便自告奮勇的帶著捐款收據到中路區莊萬益有限公司拜訪他。雖然素不相識，一談到中國畫，他便興致十足，因此，當他知道我的來意，慷慨地捐獻菲幣五百元，並很熱誠的約我於那週日到巴西市他的「塗園」欣賞名畫。我把捐來的款額繳交菲華美術協會，負責人按規定給我佣金菲幣一百五十元，我也沒有推辭，因為，它使我可以展開個展籌備工作。

馬尼拉中國藝術館決定主持我的首次個展。我訂製畫框、印刷請柬，在QUIAPO的菲律賓教育用品公司（PECO）看到一本設計高雅深藍色的簽名冊，服務生是一位美國老太婆，對這個身著白上衫、卡其褲的青年小伙子，似是不大相信我的購買能力。問我買這本簽名冊做甚麼用？我說：「給畫展來賓簽名。」「這本簽名冊並不便宜，訂價菲幣三十元。」她又問說：「你畫展一幅畫可以賣多少錢？」我答道：「大約一百元左右。」她聽了這話瞪大著雙眼，驚訝地大聲叫道：「WHAT! ONE HUNDRED PESOS FOR ONE PIECE OF PAINTING. ARE YOU CRAZY?」她的叫聲使我嚇了一跳，自忖一個初試啼聲的青年，一幅畫訂價菲幣一百元。我是不是真的CRAZY？

臨別三寶顏時，母親囑咐我到馬尼拉後要辦二件事，一、拜訪父親生前好友黃伯伯，二、親送畫展請柬給一個與父親關係密切的社團。我遵照母親的旨意趨訪黃伯伯，恭恭敬敬地呈上畫展請柬，滿以為他必定會向我祝賀給予一番鼓勵，想不到當他獲悉我擬舉行個人畫展，臉色凝重地說：「父親不幸早逝，你應該規規矩矩地學做生意，不要浪費時間，學畫是不務正業的。」我親送請柬給那與父親關係密切的社團，畫展揭幕時，秘書先生專誠送來一支原子筆，隔天華文報刊載該社團熱烈支持王禮溥舉行畫展的消息。三月十九日陳之邁大使夫人主持剪綵，有幾位我以為一定會光臨的人沒有來，依達理斯教授卻準時出現於會場。可能是基於對青年人的關愛，各方反映良好，報章雜誌撰文評介。展出六天，售畫所得扣除畫廊佣金尚餘菲幣一千一百五十元，這是我有生以來收入最可觀的一次。而這種美滿的成果，也許可以證明我並不CRAZY！

五月，我參加菲華美術協會訪問團在台北、台中巡迴展覽。展出期間，數次與席德進見面，又認識了不少台北畫壇名家：藍蔭鼎、馬白水、孫多慈、劉國松、胡奇中及評論家虞君質。藍蔭鼎還於中山北路一段三條通「鼎爐」設宴款待。

藍蔭鼎於台灣光復前就享有盛譽，水彩畫接近英國傳統風格，筆觸細膩，色彩豐富。他的台灣風光，農村景色，洋溢著大自然樸實的美。台北名音樂家許常惠於藍蔭鼎逝世後為文悼念說：「我看到藍蔭鼎的畫是三十年前尚在求學時候，認識他卻是在過了很久以後。在認識他之前，我常聽到美術界一部分人對他惡意批評，在認識他之後的十年中，我卻從未曾聽過他還擊那些惡意批評他的人。有一次，一位朋友問他是不是知道有人在背後對他批評？他說：「知道，怎樣不知道，他們是在批評我，不是在批評我的畫，這也夠了。你知道，我的生活一向很規矩，不罵人，也不捧人，所以，從來不管這些無聊的事。有時間多畫些畫，多做些事，不是更有意義嗎？」

五月下旬返菲，我仍舊回三寶顏中華中學執教，課務工作繁忙，無形中成為「週日畫家」。

九月廿二日，長男迪里（TEDDY C. ONG）出世。

一九六〇年，母親與弟妹遷居馬尼拉，先後任教尚一中學與靈惠中學。

一九六一年三月廿七日，次男希白（GILBERT C. ONG）出世。

一九六二年十二月廿四日，次女愛倫（IRENE C. ONG）出世。

一九六四年四月我辭去三寶顏中華中學教職。有一天，在PASONANCA PARK無意中發現一池荷塘，受到她婀娜多姿的形態與淡雅脫俗的色彩所吸引，我開始了對她的愛戀。

自古以來，中國畫家對花卉特別偏愛。借花木以自喻自勉；愛梅有高潔的品格，愛蘭有清雅的韻致，愛菊有堅忍的意志，愛竹有脫俗的情懷。而一般文人雅士對荷花的欣賞大都在於她的清香，惟有宋代理學家周敦頤藉蓮（蓮、荷也。通用。）抒情喻志且富情趣韻味。在「愛蓮說」中寫著：「予獨愛蓮之出淤泥而不染，濯清漣而不妖；中通外直，不蔓不枝，香遠益清，亭亭淨植，可遠觀而不褻玩焉」。周敦頤從蓮花正反面的對照中以「不染」、「不妖」、「不蔓」、「不枝」暗喻君子之德。不染，是不沾染卑污的惡劣習尚；不妖，是不逢迎權勢裝模作樣；不蔓，是不依靠別人而生存；不枝，是不拉攏朋黨營求富貴。而「不可褻玩」是形容君子不會對她有輕佻放蕩的態度。周敦頤以移情作用的表現手法，將君子之德反射於蓮花的特性，又將蓮花的特性化為君子的形象，在文中只以反面的五個「不」字就使君子的形象歷歷如繪的呈現在眼前。他以荷花暗喻君子，寫君子清心寡慾，與世無爭，寫君子潔身自愛，一塵不染；寫君子守正不阿，光明磊落，寫君子高風亮節，為人欽仰。在周敦頤筆下，物我交融，相互輝映。

中國古代畫家最早畫荷花的有五代黃筌與南唐徐熙，他倆都屬工筆畫。畫荷花的表現手法歷經宋代惠崇融合寫實與寫意於一爐，蘇東坡的氣魄雄渾，元代四大家的逸筆草草，明代徐渭的古典拙樸，清初八大山人的筆簡意賅，石濤的饒富禪意，任伯年的淡墨淡彩，以至民國吳昌碩，齊白石的奔放超逸，寫荷才有了突破的格式。然而，真正把荷花於平淡中顯現出與芸芸眾花不同形態的，當首推近代大師張大千。

張大千汲取西洋抽象畫技巧，表現國畫精神內涵。他的墨荷，似有法而無法，似無法而有法，信手揮洒，元氣淋漓。那絕去筆墨畦徑，直造古人不到處，與隨意潑墨，用墨之點染成畫的獨特風格，為中國水墨畫開一新紀元，也使荷花於造型美術產生了無數不朽的傑作。

鄭板橋畫蘭竹，半生磨練，慘澹經營，始體會蘭竹瀟疏清逸的情趣。齊白石寫墨蝦，費數十年，皓首窮經，才領悟輕盈彈躍的姿態。張大千作荷花，在意識上是由對物體形態的觀察揣摩，在技法上是從寫實、傳神而臻妙境。這種境界是莊子「齊物論」所說的「天地與我並生，萬物與我為一」的境界。亦是文學，音樂，哲學與繪畫結為一體的最高境界。

荷花是佛教的象徵，人們不單只是欣賞她的外表形態，更欣賞她由「物」蛻變為「人」的品格。畫荷花要昇華至「靜」與「淨」的境界，必須經過苦心鑽研，千捶百鍊。我對荷花產生喜愛之情，每日徘徊池塘，看荷花競豔碧水漣漪，芬芳氣息縈迴腦際，便有心曠神怡之感。初畫荷花，正是撰寫國畫評論的時候，因此，作畫時多用墨色，在畫面上形成的效果使人感到沉悶，後來儘量採用透明顏色。大自然的荷花大都是白與粉紅色，在我的畫中，最常用的是紫藍，我喜歡紫藍色，她含蓄與眾不同。事實上，我所要表現的荷花，不是她的外表形態，而是她的另一生命。

一九六五年十月我病重，友人介紹馬尼拉LOURDES HOSPITAL一位醫師。經過檢驗後，他囑我立即住院，就這樣來不及通知母親也沒帶任何日用品便住進醫院。連續四天食不下嚥，身體遂漸瘦弱，心想萬一不幸意外亡故，連家人都不知道。我請護士代掛電話給母親，母親與妹妹趕到醫院，看我已病入膏肓，傷心流淚。經過詳細考慮，決定移住崇仁醫院，同時敦聘王、洪倆位醫師診治。我懇求醫師從速讓我能進食，前後共打了五針，我開始可以喫稀飯，雖只是一小碟菜瓜，我的感受就正如一九三九年初到三寶顏大伯父家進早餐一樣，清淡的稀飯，無異是山珍海味。醫師每日按時檢驗，有一次，我問王醫師說我的病況是不是嚴重？他答說：「非常嚴重，若多延幾日，恐已回生乏術。」我說：「今年才三十四歲，就這樣走了，此生一無所成，真是於心不甘，我要活下去。」在崇仁醫院駐了一個多月，回三寶顏後，我開設了一間小型保齡球場，這種生意經營簡單，有固定收入，又不致分散我作畫的時間。我靜心調養了年餘，身體才逐漸恢復健康。不過仍無法握筆作畫，只有利用空閒時間撰寫美術評論文章寄台北「幼獅」、「雄獅」、「藝術家」、「中華文化復興月刊」及「中國書畫」雜誌發表。相繼完成較重要的作品有：「法國近代繪畫思潮」、「中國山水畫論」、「中國藝術與馬」等。

一九六七年，我又重執畫筆，但沒有以前那麼積極，因此，直至一九七一年三月廿七日才於希爾頓藝術中心（MANILA HILTON ART CENTER）舉行第二次個展，展出作品風景與荷花各佔一半。同年十月十四日應國際商業銀行三寶顏分行之邀舉行第三次個展，全部非賣品。

我於一九六〇年學習駕駛，平時外出，借用尤奕杯的車子。一九六七年有了自己的吉普車，野外寫生就像旅遊一樣心情輕鬆愉快。這時期，我的風景畫都是寫生的，但是我認為：任何一件藝術作品，只要是通過藝術家的想像，必定具有創作性。所謂想像，不僅僅是經驗的再現，還包含藝術家深遞的心靈作用，這種作用便是「創作的想像」。法國印象派名家所作風景畫大都是寫生的，這些作品卻成為後世藝壇瑰寶。

一九六八年，妹妹德蘋與林竹茹結婚。次年，弟弟禮賢移民美國，四年後與施月英結婚。一九七六年十一月廿七日，子RYAN JASON出世。

一九七二年九月廿一日，菲律賓馬可斯總統（PRESIDENT FERDINAND E. MARCOS）宣佈軍事統治，解散國會，限制出國旅遊，華文報停刊。

一九七四年，在三寶顏市郊自己擁有的一塊一千五百立方公尺土地興建保齡球場，附設檯球場與小餐館。一九七五年完成，我自己有間畫室。一年後，我購買了一部淺綠色的TOYOTA轎車。

一九七七年一月珍妮結婚。六月廿一日，我假凱悅畫廊（THE GALLERY, HYATT REGENCY, MANILA）舉行第四次個人畫展。這是我很重要的一次個展，展出油畫作品廿四幅，結果售出廿八幅，其中四幅是不參展，收藏者很多是素昧平生。一個沒有知名度畫家的畫展能有這樣豐碩的收穫，很可能是收藏家MRS. MARIA CLARA LOBREGAT背後的支持，我記得當我邀請她作為畫展貴賓時，她很坦誠地問我：「是不是需要任何援助？」我只向她表示謝忱。我認為，一個專業畫家，最重要的是作品真正能得到收藏者的賞識。

母親一九七三年應三寶顏中華中學之聘出任校長，一九七七年三月，因赴美定居申請獲准，向校董會提出辭呈，飛芝加哥與禮賢同住一處。

一九七八年九月一日，在HARRISON PLAZA，ABC GALLERIES舉行第五次個人畫展。一九七九年十月卅一日國立歷史博物館主持「海外藝術家作品聯展」，參展畫家包括來自美國、法國、日本、新加坡、香港等地區，菲律賓只有我一個人。下午三時開幕禮，何浩天館長指定我代表致詞。

一九八〇年五月十五日，HARRISON PLAZA, ABC畫廊主持我的第六次個展，英文報章雜誌相繼撰文評介的，有：PEOPLE, TV TIMES, PHIL. EVENING EXPRESS, PHIL. PANORAMA. WOMEN'S, ARCHITECTURAL JOURNAL等。六月六日，依達理斯教授由納卯來信，說：

> 謝謝你寄給我美麗的請柬，祝你在ABC畫展展出成功。我很欣賞那精緻雅麗的色彩複製品，粉紅色的荷花襯托著暗藍的荷葉，顯得和諧可愛。在UST看你的畫，那已是很早以前的事了，當我發覺你進步的迅速，感到非常高興，但願你加倍努力。

這一年，我與家人離開三寶顏遷居計順市。這幢房子是一九七八年購置，三百平方公尺面積不算大，上下樓六個房間也足夠應用，我的畫室是在後幢樓下，麻雀雖小，五臟俱全。畫室裏大小櫥子及抽屜各四十餘個，收藏畫冊，文藝、音樂、戲劇書籍與照片、資料袋。其他有畫架、畫箱、電視、冰箱、寫字檯、音響設備，工作上所需要的一切齊備。

我一九四六至一九五四年居住三寶顏八年。一九五八至一九八〇年又二十二年，前後總共卅年。在這漫長的卅年中，我練音樂，習寫作，研究攝影，勤於作畫，現在於這幾方面能有一點心得，可以說完全是在三寶顏奠下基礎的。還有一件很重要的事，一九七五年馬可斯總統宣佈華僑集體選籍，我也申請入籍，作為我的證人是ENGR. EFREN ARANEZ與ATTY. RICARDO BABAN。成為菲律賓共和國籍民迄今廿餘年，我永遠記得他們倆位給我的恩惠。

我七十年代在北三寶顏一社鎮購置一個廿五公頃的魚塘。交由親友管理，每年盈利菲幣三、四十萬元，加上三寶顏保齡球場出租，在當時這樣的入息也足以維持一個普通家庭的生活。然而，八十年代，我遷居馬尼拉，可能因為景況不佳，魚塘收入逐漸減少，使我的經濟狀況受到影響。此時，繪畫市場又未上軌道，有不少機會可投身商場，就為了不願放棄這終身追求的目標，我沒有改變自己的志向。後來把魚塘售出，環境也慢慢地轉變，又繼續專心作畫。

三大名家

一九七九年我接受台北《藝術家》雜誌之聘任特約撰述，十一月回馬尼拉便展開訪問工作。有一天，接到CESAR LEGASPI的電話邀我到他家共進午餐，同時要我代為通知MALANG, ANG KIUKOK, R. OLAZO和A. GOY。

C. LEGASPI的畫室空間不大，有空調和效果很優美的音響設備，牆壁上懸掛他的作品和一幅H. R. OCAMPO的油畫。記得去年我來時畫室相當黯淡，現在已開了天窗，和煦的陽光直接射進畫室，光線充足。畫架上擺著一幅未完成的作品，畫中有三個不同形態的裸女，以充滿詩意的紫藍色為主調，裸女臉部只有簡單的輪廓，沒有眼睛鼻子和雙唇，這是他人物畫一種特殊的風格。C. LEGASPI平時雖也作水彩、粉彩與鋼筆畫，主要的還是油畫。他用畫刀，不用畫筆，色彩透明，線條生動，刀法細緻，層次分明。在風格上說是受立體主義的影響，不過，這種影響只顯示在畫的表面。因為，立體主義的理論是：任何物體都有它不同的面，畫家根據科學方法，從形、線、光、色徹底的予以支解，使成為不同形態的碎片。然後，再把這些碎片湊合，依照畫家主觀的意念重新安排以表現從不同位置所觀察出來不同形態的效果。但是，C. LEGASPI並沒有完全遵照這種理論。他的畫往往只集中於主題的一部分，而運用光線的點綴增加畫面的趣味，畫中嶙峋的怪石，曲捲的嬰孩及裸露的人體，與其說是表現物體不同的形態，不如說是表現抒情意念和人類在時間上所遺留下的烙印。

C. LEGASPI與V. MANANSALA, H. R. OCAMPO三人年齡差距不大，處於同一個時代，在生活上同樣的經歷過崎嶇不平的道路，在繪畫思想上同樣的極端反傳統。因此，有人說，C. LEGASPI的畫風是受到V. MANANSALA 和H.R. OCOMPO的影響。事實上，V. MANANSALA完全以立體主義理論為依據，畫面注重物體的分析。H.R. OCAMPO則屬於原始圖案極濃厚的抽象主義，畫面注重色彩設計。畫家交往，在繪畫思想上和表現技法上互相影響是在所難免，但是，我們卻不能因此而否定C. LEGASPI自己別樹一幟的風格。

C. LEGASPI一九一七年四月二日於馬尼拉出世，幼年時就喜歡在學校課本及練習簿上塗鴉，中學未畢業，即轉進一間美術學校。父親對他這不尋常的行動極表反對，理由是；以繪畫維持最簡單的生活實在很不可能。雖然這樣，一九三六年他還是畢業菲律賓大學美術學校，同時在一家廣告社工作。第二次世界大戰結束後進PHILPROM廣告社。一九四八年參加菲律賓美術協會年展，所作「患病的嬰孩」（SICK CHILD）獲第四獎，嗣後屢獲獎譽。一九五三年得西班牙政府獎學金，回菲後即停止作畫，至一九六三年始舉行首次個人畫展。一九六五年自廣告社退休成為專業畫家。一九八〇年第七次個展後與BETTY及幼女DIANA旅遊歐美。一九八三年十月八日至廿四日應一畫廊之邀在台北展出油畫廿幅，鋼筆畫四幅。 C. LEGASPI與BETTY於三日抵達台北，由於言語不通，籌備工作進行沒有想像中的順利。五日，BETTY來電話告以在台北很多事情無法溝通，她用很懇摯的語氣對我說：「JAMES，只要你來這裏幾天協助主持畫展開幕禮，我們將永遠感激你。」聽了BETTY的話，我決定無論如何要到台北一行。上午辦理簽證，下午訂購機票。然而，使我感到困擾的是，馬尼拉國際機場發生NINOY AQUINO謀殺案，政府禁止出國旅客攜帶美金。不帶美金，到台北又將如何過日子？我在西裝裏塞了美金一千元，張數過多恐被海關發現，減少至剩下三張還是擔心露出馬腳，最後決定放棄美金，把抽屜裏的八千元新台幣放進袋子裏。政府禁止攜帶美金，我不知道新台幣是否例外，反正數目不多，該不致抵觸法令，就這樣束裝就道。

我於六日下午飛抵台北。有一位菲律賓收藏家在台北相逢，我特邀請他參觀C. LEGASPI畫展。那些精心傑作引起他很大的興趣，決定大量收購。所選定的畫包括：

"THE CONQUERORS"・1980. 43.5×58.5"・OIL ON CANVAS。

"DESCENT"・1980. 53×39", OIL ON CANVAS。

"THE HUNTED"。1983. 28×36.5"，OIL ON CANVAS。

"TRIAL"。1983. 27 3/4×36"・OIL ON CANVAS。

"BORDERLAND"。1983. 29.5×46"・OIL ON CANVAS。

及其他作品大小共十二幅，擬付新台幣三百萬元（折菲幣六十萬元），若能成交，另新台幣一百萬元由我作主再挑選幾幅。並表示這其中一成是給我的佣金。我說：「此次來台北，主要的是想為C. LEGASPI畫展做點事，一切個人費用均由我自己負擔，佣金應給畫廊，我不能接受。」當我把那位收藏家的意思向C. LEGASPI轉達，BETTY經過詳細計算，對我說：「JAMES，十餘幅畫以這種價格售出，我們是虧本的。」我說：「我知道這次展出的畫都是得意的作品，帶回菲律賓遲早能以更高的價錢售出。可是，一個外來畫家在台北展覽售出新台幣四百萬元，這是一個紀錄。」雖經再三磋商，還是無法達成協議。

十月十日我與C. LEGASPI及BETTY應中華民國外交部邀請出席慶祝國慶晚會。十一日，我們帶著畫具上烏來寫生。秋天的景色如詩如畫，那虛無縹緲的高山，詭異萬變的煙雲，生意勃茂的花草，令人神往。C. LEGASPI抬頭驚嘆說：「HOW WONDERFUL！」C. LEGASPI與BETTY於十二日回馬尼拉，我在台北原只計劃逗留數天，想不到卻住了二星期，新台幣八千元早已花光，還好是寄住張杰忠孝東路四段三普飯店對面大廈的一個單位。我託李錫奇向張杰商借一點錢，並轉達說不是沒有錢，是錢沒法帶出來。所借的錢於李錫奇和我到馬尼拉時在洪救國家裏悉數交他代還給張杰。

回馬尼拉後有幾次在C. LEGASPI家晚餐，每次BETTY總事先問我同行的有幾人。在進餐時，桌上每人臉前擺一個白色長信封，裏面夾著一幀鋼筆畫。

C. LEGASPI與VITALIANA（BETTY）KALUGDAN一九四二年結婚，家庭美滿，在菲律賓藝壇是一對恩愛的模範夫婦，生有一男四女，三女CELESTE是名歌星。

C. LEGASPI於一九九〇年榮獲「國家藝術家」（NATIONAL ARTIST）獎譽，一九九四年四月七日逝世。

一九七九年十二月，我與洪救國、R. OLAZO先後二次訪問VICENTE MANANSALA，第三次是一九八〇年四月廿三日。V. MANANSALA年近古稀，惟精神飽滿。記得第一次到他畫室，他緊握著我的手。說：「好久不見了，你還是那麼年輕，我也沒有顯得蒼老。」

V. MANANSALA一九一〇年一月廿二日於PAMPANGA出世，一九二六年進菲律賓大學美術學校，從FABIAN DE LA ROSA練人像畫與構圖，向PABLO AMORSOLO習素描，VICENTE RIVERA Y MIR學風景，一九三〇年畢業。七年後與HERMENIGILDA DIAZ結婚，婚後有段時期停止作畫，直至有一天，太太無意中發現了他的畫箱，很驚訝地問他：「你是畫家？」他答說是的，但沒有模特兒，無法作畫，自此開始太太成為他的模特兒，他終於又繼續作畫。不過這時候還只是一位業餘畫家。

一九三八年，第一次售出他的作品粉彩畫「BROKEN VASE」，售價菲幣三十元，收藏者分六期付還，每期菲幣五元。第二次是一幅人像畫，原價菲幣十五元，對方只給八元。一九三九年與H.R. OCAMPO, DONALD DAN MING假菲律賓大學圖書館舉行三人聯展。一九四〇年「POUNDING RICE」榮獲UST NATIONAL ART EXHIBITION首獎。一九四一年被V. EDADES列為菲律賓十三現代畫家之一。一九四八年作品「BANAK-LAOT」「I BELIEVE IN GOD」參加菲律賓美術協會第一屆年展，分別得第三獎及榮譽獎。一九五〇年獲法國政府獎學金，留學巴黎九個月。

一九五一年，開始於聖大美術學校執教，並在馬尼拉大旅社舉行首次個人畫展。廿七幅作品題材包括BARUNG-BARONG與JEEPNEY等，每幅訂價菲幣二十元。有位收藏者適意其中一幅，出價菲幣十二元，未為他所接受，結果連一幅畫也沒有售出。V. MANANSALA回憶說：「還好畫框是自己動手做的，否則，以當時的環境來說，後果真是不堪設想。」廿七幅畫後來陸續為人購去，最後一幅以菲幣八萬元售出，那已經是七十年代的事了。

作品「BARUNG-BARONG #1」參加菲律賓美術協會畫展榮獲首獎，這是他自巴黎回國後最大的收穫。一九五五年「WOMEN PRAYING IN CHURCH」參加THE UNITED NATIONS ASSOCIATION OF THE PHILIPPINES美術比賽被評選為第一獎，作品為紐約聯合國大廈收藏。一九五七年「GIVE US THIS DAY」參加菲律賓美術協會暨SOUTHEAST ASIAN ART COMPETITION得第二大獎。一九五八年辭去聖大美術學校教職。一九六三年榮獲REPUBLIC CULTURAL HERITAGE獎譽。一九七〇年榮獲「ARAW NG MAYNILA」獎譽。一九七六年由計順市遷居SAN CARLOS HEIGHTS SUBDIVISION, BINANGONAN, RIZAL。我與洪救國、R. OLAZO三次訪問他就是在這裏。這時期，V. MANANSALA的畫已成為一般收藏者搶購的對象，訂購的要等二年才能獲得他的畫。為了方便起見，他請收藏者於畫布背後寫著自己的姓名，在這畫布完成的作品，便歸該收藏者所有。至於價格，一幅40×50英寸油畫菲幣四萬五千元左右。有的收藏者為了想早日獲得他的畫，甚至留下空白支票由V. MANANSALA自己填寫。

在訪問中，我說：「我記得H. R. OCAMPO論畫的優劣，強調應俱備：一，畫面的統一。二，構圖的連貫性。三，繪畫語言符號的加強。」V. MANANSALA表示說：「除了繪畫思想和技法外，我認為一個畫家最主要表現的是情感與意象。缺少了情感與意象，便不能創造出動人的作品，因為，藝術是心靈的溝通。」我問V. MANANSALA今年幾歲。他說：「七十歲，還很年輕，假如能給我再多活十年，我也就心滿意足了。因為，十年的時間不算短，可以讓我做許多事。」我說：「西方人生命開始於四十，而東方的聖人孔子談為學進德的次序也說：「三十而立，四十而不惑。」意思是：一個人到了三十歲能堅定自守有所成立，至四十歲能深切了解人生的大道和宇宙的真諦，無所迷惑，是以一般成大業者幾乎都在這年齡以後。以此為例，如果一個人能活到九十歲，他在達到成熟階段後還有五十年的時間可以好好地發揮；活到八十或七十歲，還有四十或三十年的時間。活到六十或五十歲，則只有廿年或十年的時間可以發揮。因此，我認為，一個人四十歲以後這段時間最值得珍惜。以你來說，已屆七十高齡，而你也曾好好地把握從四十歲到現在這三十年寶貴的時間。更可喜的是，時至今日，你非但精神充沛，又能始終保持一顆赤子之心。基於這些因素，我們有理由相信，你必定還會有段很長久的創作生涯。」

當我們談到菲律賓繪畫大師JUAN LUNA（1857-1899），有下列的對話：

王：為什麼在所有菲律賓畫家中您最欣賞JUAN LUAN？

馬：因為他所表現的我無法表現出來。

王：您是指繪畫技法？

馬：不只這樣，還包括情感。

王：以JUAN LUNA在繪畫上的成就來說，應該有足夠的資格被列為國際大畫家。可是，時至今日，我相信外國人知道他的並不多。假如我的見解不錯的話，這是因為我們忽視了藝術宣揚工作的緣故。

馬：你說的也許不錯。但是，在百科全書中就列有JUAN LUNA的名字，我以為他所以未能揚名國際，最主要的是因為他死得太早。他在廿六歲那年便完成了「鬥獸場外」（SPOLARIUM）這幅精心傑作，曾在西班牙及其他幾個國家參加比賽獲獎。

王：JUAN LUNA的風格可分為浪漫主義與印象主義二個時期，「鬥獸場外」是屬於前期的作品。

馬：是的，在將近一個世紀以來，我們就無法再在自己的國家裏看到這樣偉大的作品。

王：您認為一個畫家怎樣才能形成自己的風格？

馬：我認為只要態度誠懇，不斷地探索，不斷地學習，相信總可以逐漸形成自己的風格。至於受到其他畫家的影響，那是極平常的事，最重要的是怎樣去消化它，使它成為你自己的。

王：您作畫已有將近半世紀的經驗。直至現在，是否在創作過程中，還會遭遇到難以解決的問題？

馬：那是常有的事。創作時遭遇到問題，對於一個畫家正是最好的考驗。因為，這樣反而更能激起創作的興趣，而每當把問題解決後，就必然會有著新的發現。

王：歷代名家有不少是從大自然景物獲得創作靈感，在您創作的過程中，是不是也有類似這樣的經驗？

馬：有的。早年我到處寫生，大自然賜給我創作的靈感。後來，有一次當我在一間商店的玻璃櫥中看到自己身後熙熙攘攘往來的人群所形成的那種動中有靜的美，我便開始新的嘗試，終於形成了現在這種風格。

王：您認為繪畫在您的生命中佔著怎麼樣的地位？

馬：繪畫就是我的生命，我的一切！

V. MANANSALA於一九八一年八月廿二日逝世，菲律賓政府頒予「國家藝術家」（NATIONAL ARTIST）獎譽。

認識H. R. OCAMPO是一九七七年八月在星期六畫會（SATURDAY GROUP）。他是畫會領導者，每次於會場出現總是忙忙碌碌，是以我們很少交談。

H. R. OCAMPO一九一一年四月廿八日於馬尼拉市中心STA. CRUZ區出世。父親擁有相當豐富的藏書，使他在文學方面獲得不少智識，而引起創作小說及現代詩的興趣。父親對他的表現至為讚賞，可是，不久他卻沉湎於繪畫，這種改變，使父親大感失望。H.R. OCAMPO幼年家道中落，七歲時於舞廳為客人擦皮鞋。中學畢業後，十五歲任舞廳司庫，工餘繼續唸法科、商科。廿歲輟學於菲律賓教育用品公司供職。一九三二年與IRENE Y. ILLORATO結婚。婚後創辦VERONICA雜誌，任HERALD MID-WEEK雜誌助理編輯。一九四一年與V. MANANSALA, DONALD DAN MING於菲律賓大學圖書館舉行聯展。淪陷時期，馬尼拉停止拍攝電影，幾家大戲院都羅致電影明星與歌星登台表演。H.R.OCAMPO成為編劇與助理導演，有固定的收入，生活勉強可以維持。光復後不幸受人誣告，指他為日本間碟，被美軍情報署拘禁八個月。在牢獄裏他仍手不停筆，完成了幾篇小說，無數現代詩和幾幅油畫。一九四五年年底重獲自由，IRENE卻於此時去世，他的情婦也有了歸宿。受到這雙重打擊，終日以酒消愁。後來在一家電台任編導，認識一位小他十二歲的歌星，經過熱烈追求終於成為他的第二任太太。一九四七年任MANILA CHRONICLE「THIS WEEK」雜誌主編。一九四八年「BREAK OF DAY」參加菲律賓美術協會第一屆年展榮獲第四獎。次年得第一、二獎。這種輝煌的成績促使他逐漸轉向美術方面發展。

一九五〇年領導新寫實主義畫會六月十七至廿五日在馬尼拉大旅社舉行聯展。參展者包括V. MANANSALA. C. LEGASPI, R. TABUENA等，雖然成員風格各異，但他們的繪畫理念卻是一致的。一九五一年，菲美術協會第三屆年展，他的作品「MY KIND OF WOMAN」榮獲首獎。十年後於菲美術協會主持下舉行回顧展。一九六八年自PHILPROM高級副總裁職位退休，專心作畫。在某一個星期六下午，他走進ROXAS BOULEVARD, TAZA DE ORO餐館，意外地遇見幾位畫家與作家。在閒談中，他告訴那些友人說，他有個構想，希望邀請美術界同好每星期六在這裏聚會，一方面連絡感情，另一方面藉以促進美術活動。這個構想，獲得大家的贊同。第二個星期六，TAZA DE ORO又增加了幾位畫友。起初大家在一起喝咖啡聊天，後來便畫人體素描，終於在這樣自由結合下形成了星期六畫會。星期六畫會並非正式的美術團體，沒有註冊備案，沒有組織規章，也沒有固定職員。會員相聚一處，只是為共同的興趣，因此，成員中有畫家、雕塑家、作家、記者、畫廊主持人及美術愛好者，原本聚集的時間是在午前，後來改於下午三時，當會員到齊了，H.R. OCAMPO宣佈作畫地點，便各自出發到目的地。

TAZA DE ORO套房正中排著一列約可容納二十人的長桌，周圍另有三數小餐桌，空間不大，每次數十人坐在一起顯得異常熱鬧。H.R. OCAMPO除非有特別事故，否則，絕不缺席，他一進會場，便頻頻向會員打招呼。人體素描結束後，又親自向會員鳩收模特兒禮金，通常是模特兒二位，每名畫家負擔菲幣二十元。

星期六畫會在H. R. OCAMPO領導下成為菲律賓藝壇力量最雄厚的一個美術單位。菲律賓美術協會舉行會員重新登記，星期六畫會大部分會員也熱烈支持。我就在此時成為永久會員，而於一九八〇年七月廿八日獲得身分證。

H.R. OCAMPO是菲律賓第一位純抽象畫家，這種繪畫思想的淵源是受德國包浩斯理論的影響。還有，更重要的是他未曾受過正規學校的美術訓練，在創作上沒有任何牽制。一九七八年，距他逝世前四個月，他於菲律賓藝術博物館舉行回顧展。有個下午，我與二位畫友到H. R. OCAMPO府上拜訪，這是我自從認識他，第一次亦是最後一次參觀他的畫室。在談話中，他說：「我沒有進過美術學校，從不敢奢望成為畫家。也許正因為這樣，使我在創作上更能隨個人的興趣，毫無顧忌的表現自己的語言。」又說：「有人譴責我未能更進一步的突破，只是蓄意在複製自己的作品。事實上，我是不斷地在改變，把我五年前的畫和現在的比較，便可以得到證明。也許因為改變的幅度不大，欣賞的人未能發覺到。還有，實在說，當你千辛萬苦才尋找到自己所喜愛的，相信你絕不會輕易的加以拋棄。如果你把後期印象派三大師PAUL CEZANNE, PAUL GAUGUIN, VINCENT VAN GOGH成熟時期的作品到逝世時所完成的畫作深入研究，你就不難發現：相距數十年的繪畫風格改變幅度並不很大。讓那些自以為較大師更聰明的人去發表偉論，我是為自己而活，做自己喜歡做的事。既然有不是小數人收藏我的畫，這應該可以肯定我作品的價值。」

H. R. OCAMPO作畫時通常是先把構圖用鉛筆鉤勒在畫布上，再以畫刀一點一點塗上顏色，這種「點繪法」的創作速度相當緩慢。一幅24×30英寸的畫，據他說要花費二星期左右的時間。他喜用原色，塗在畫布上還能保持明麗的色感。有人說，他的畫不是色的調和與配合，而是光的調和與配合。H. R. OCAMPO畫中的造型大都來自日常生活所見的物象，如他家古老木屋的設計，懸在窗外的小花，拾自沙灘的貝殼，民間藝術的圖案與聖誕紙燈色彩。他從大自然物象獲得靈感，然後運用造型與色彩表現他的意念。

H. R. OCAMPO於一九七八年十二月廿八日逝世，十三年後（一九九一）菲律賓政府始頒予「國家藝術家」（NATIONAL ARTIST），對他來說，這是遲來的獎譽。

德進南遊

一九八一年七月，有一天早上突然接到李錫奇的電話，對我說：「如果你想見席德進最後一面，要立即來台北。」那下午我趕到太平洋文化中心辦理簽證訂購機票次日便飛抵台北。席德進在與病魔苦鬥了幾個月，每天要三次把那由腰間流出又苦又腥，令人聞之發嘔的膽汁一飲而盡，身體消瘦，精神疲乏，已經到了癌症末期。當我和李錫奇抵達台大醫院，張杰也在病房，面對著席德進，沒有打招呼，也沒有寒喧。我很想不到，匆匆自馬尼拉趕到台北，見面竟連一句話也說不出。明知他不久於人世，安慰他，鼓勵他，都是多餘的。到此時候，我才真正體會「至哀不哭，至情不言」的意思。八月三日凌晨，席德進說了一句：「我怎麼就這樣糊裏糊塗地走了，我真是不甘心啊！」不久便離開了人世，享年五十九歲。

認識席德進是在一九五七年五月廿六日，我臨別台北的前一天，在中山北路學校美術用品社買顏料時無意中邂逅的。德進有幾幅畫掛在那裏，因此，我們一談便談到他的作品。

「這些都是好久以前畫的。」德進說：「我認為一個畫家得意的作品，如果不是為人買去，也必定留在家裏自己欣賞。」

話中暗示著這幾幅並非他得意之作，我向他表示想看看他自己收藏的畫。

那是位於羅斯福路四段的鐵道旁，紅瓦白牆像鄉村的農舍。客廳是現成的畫室，我一進門便被牆壁上的畫所吸引著。近門處一幅老人素描，線條蒼勁有力，技術精鍊。寢室掛著二幅少女裸體油畫，色彩豔麗，人體變形，筆觸多向左傾斜，有印象派的作風。

德進從貯藏室搬出一些畫來，他一面告訴我說這是二星期前在華美協進社台灣分社舉行個展後所留下來的，一面小心翼翼的把畫一幅幅的排列在椅桌邊和畫架上。

他油畫的風格和水彩不同，前者有具象也有抽象的，但卻沒有水彩畫那樣的充滿了鄉土氣息。德進問我較喜歡他的水彩還是油畫，我把陳列在眼前的那些畫再加以一番詳細的比較，卻仍無法給予一個確切的答覆。

「我喜歡水彩畫的線條與意境，卻也深愛油畫的色澤與筆觸。」

「有時候，我很想走向這種半抽象的道路。」他指著其中一幅油畫說：「因為，那好像更能接近我的內心。不過，直到目前為止，我還在摸索階段，一切的形式也只能算是個過程而已。」

「可是，不論如何，這些畫既能表達你當時的一種情緒，也就值得珍貴了。」我說。

「當然，在今日確實值得珍貴，因為，我創造了它們。但在明日，也許它們對我是種累贅，因為，它們阻礙了我向前邁進。」

他說這話時態度雖是那麼懇切，可是，我卻認為，以他對藝術的狂熱，相信技術是不致停滯在某一個階段的。

我們一談便談了半天，我由於要趕往師大訪友，不得不握手辭別。臨走時，他還送我幾幀作品照片。第二天，我在暴風雨中揮別台北，之後我們便開始互通音訊。德進寫信和他的為人一樣的坦誠，每次總是暢所欲言。六月廿三日的信中，他說：

> 上次菲駐華大使RAMOS的女兒請我到她家，她有一本菲律賓出版的英文紀事報《本週雜誌》，內中介紹這次東南

亞美展的一些作品，有菲律賓，印度，馬來亞，日本等，唯獨沒有中國的。其中有位菲畫家MANANSALA畫一條水牛，我想他就是你講過的那位吧？在菲大使館中，我還看到他的另一幅油畫，是用牙膏管子鉛皮錘平貼在畫布上，一方塊方塊的，用了極單純的色調，畫一個女人抱一個小孩，頭頂著一簍魚，據說是描述一個故事，這幅畫還不錯。RAMOS小姐已回馬尼拉了，她在台北時，我還帶她參觀畫展和看一些友人的收藏品，對我國藝術作品之美，使她感到非常的驚異。她從前以為中國畫多是水墨的，但在畫展和收藏品中，她看到充滿燦爛的色彩，生動的人物壁畫，而且還有裸體畫。我告訴她：「中國人的色彩，不但表現在畫面上，而且表現在花瓶上，穿著的衣裳上，甚至京劇的服裝。」

這封信過後將近半年，我才又接到他的來函，那是寫於十一月十五日。

上個月美國駐華大使館武官太太MRS. BONNFIL來我這裏，談起她有位朋友在菲律賓，計劃在馬尼拉的「PHILIPPINE ART GALLERY」給我舉行一個水彩畫展，我想這個畫廊就是你曾經提起的「菲律賓藝廊」吧？因為我目前沒有足夠的作品，事情還沒有進行。

十二月七日，德進在給我的第三封信中說：

我畫水彩已有很久長的歷史，當我還在教書的那段時間，大多作水彩畫。目前依然是水彩多於油畫，一方面固然為方便，還有因為要的人多。我幾年來幾乎靠賣水彩維持生活，實在說，我真想專一地在油畫方面努力，不畫水彩。你說我的水彩與油畫風格不一致，這是對的，水彩我全用寫生，油畫卻比較著重於自我的表現。我以前沉醉於地方色彩，在題材方面儘量找我生活中所愛的去畫，至少我想多經歷一個時期，試驗一個時期，用自己的思索畫出自我特殊的視覺與幻覺的世界。所以我的畫還未定型，一切的形式只是我的一個過程，我的畫還在不斷演變中。

我所看過德進的作品，有具象，半抽象和純抽象幾種不同的風格。我深切的了解，直到現在為止，任何形式也無法滿足他創作的慾望，而做為一個畫家，這正是可喜的現象。

從台北回來，我計劃為德進寫篇介紹文章，在回信中他告訴我：

一九四八年我畢業杭州藝專後，即到台灣嘉義省立中學教書，一面看著孩子們天真的流露，一面對著大自然美妙的景色，覺得自己所學的沒有孩子畫的真情，沒有大自然的有生命。於是，我放棄藝專所給我的繪畫技法，重新向大自然學習，向孩子們的畫求教。經過二、三年的努力，我的畫才有了轉機，慢慢地形成了現在這樣有點自己的面目。但，我依舊不能滿足這種環境，終於毅然到台北自由畫畫過日子，我沒有為生活而放棄繪畫，反而因此更激勵自己繼續奮進。這時，我發覺西畫中最使我們中國人無法克服的不是素描而是色彩。幾乎百分九十九的畫家把色彩畫不好，我決心研究色彩，從印象派的用色原理到馬蒂斯初期大膽的用色方法，加上台灣地方色彩給我的刺激，因此才漸漸建立了我所愛的色彩。一年前我的油畫是走野獸主義的路線，用直覺，用熱情去處理一幅畫。如今我漸漸轉向以內心思索來作畫，目前我還喜摸索，尤其是造型方面，使我感到徬徨。我不知那種形式最能表達我自己，我的性格始終不定，愛好又極廣泛，而我又是時時想變不願固守在一個形式中，這就是我現在的痛苦。但我決心冒險向不知的境界探求，即使沒有成就也不管，我寧願丟掉過去的一切。

實際上我正式進藝術學校已是十七歲了。十三歲時，我在縣城公立小學讀的是白話文，還有圖畫課。我的畫在期終成績展覽會上成了全校之冠。次年，我離開了家鄉，到七百公里外的四川省會成都入天府中學。很恰巧地，有一間私立美術學校，附設在我們校裏，每當課餘，我就跑去站在窗外看他們畫石膏像，畫水彩靜物。聽他們彈鋼琴、唱歌。星期日我總是整天沉醉在畫畫裏忘記了一切。

第二學期我轉到甫澄中學。因為它是間新學校，有獎學金，這時，我才開始寫生，畫些風景。

至初中三年上學期，由於全班同學鬧事，學校當局拿成績最好的幾個同學開刀，給開除了，我是其中的一個。此後，我自修了半年，便考進省立技藝專科學校。

父親希望我學政治做官，我想，是由於我們那時候的鄉下人，看到做官的，不但神氣，有權威，而且很有錢之故。而我呢？則選擇了藝術，只是為了滿足自己的愛好。

省立技術專科學校是間新創辦的學校，有美工，漆器，建築和音樂等科。我們的老師龐薰琹剛從巴黎回國不久，畫風很新。第二年學校改為省立藝專，不過，我們所學的仍是應用美術，這對我追求純粹藝術的理想不符，加以龐老師到重慶去執教，引起我們嚮往重慶的國立藝專。因此，我和二位同學便一起退學，趕到戰時的陪都想進國立藝專，首先找到龐老師，請他幫忙，那時的校長是陳之佛。有一天，我帶著龐老師的信去見一位高高地穿長袍的中年人，後來才知道他就是教務主任傅抱石，我們請求旁聽，但未獲准。第二次龐老師陪我們去見校長，仍沒有答應。後來才通融允許我們進教室作畫，祇是吃住不得在校內。但次年暑期，我便以同等學力考取為正式生，名列第一。國立藝專的學習風氣很濃厚，教授多是國內名家，我在一年級時，便自己開始畫油畫。校中教西畫的老師，有新畫風的，是幾位年青的助教，如趙無極、朱德群、李仲生等。他們雖未教我們。課餘我們卻常看他們作畫，談談藝術，聊聊天。

在三、四年級那兩年中，我於林風眠師教導下，才算真正認識了藝術。抗戰勝利復員，我隨學校到杭州西湖，四年級結束時，我的總平均成績為全校第一。

介紹德進的文章於一九五八年元月廿六日在馬尼拉大中華日報副刊發表。我寄了一份剪報給他，並向他建議，如可能希望到馬尼拉舉行一次個展。

謝謝你為我寫了那篇介紹文章。很可惜的是我目前還不能到你們那裏，似乎是時機未到。而且，我的作品也不夠充實，不管怎樣，總得是自己認為過得去的才能拿到國外去展覽，所以必須有一個較長的時間來準備。我想，不久的將來，我是會在你們那裏開一次畫展的，最近我到南部去旅行寫生了一個時期，前二天才回來，所以，回你的信遲了一點。我現在正準備那位美國大使館武官太太在她家裏要給我舉行的欣賞會，三月間，我們國立藝專的校友也要舉行一個聯合畫展。

四月三日，他在接到我寄去的一本英文雜誌後，回信說：

你的信及馬尼拉紀事報的《本週雜誌》所刊出我的畫都看到，非常感謝你。那兩幅水彩，現在看來，已感到十分不滿意了，因為，那種作風並不太是我自己的。當時，我深受法國青年畫家BUFFET的影響。

蕭勤不但年青而且很熱情，為人誠懇，是屬於動的。他是師範藝術科畢業，教了一年小學，就考下西班牙的公費留學，他的舅父王世杰，曾任總統府秘書長，父親蕭友梅，在中國音樂教育上極負聲譽，真可謂家學淵源。他到西班牙先住馬德里，後到巴爾塞羅那。他知道學畫與其入美術學校，不如和畫家們鬼混較易得到進步，所以，他只到一些畫會的畫室練習人體素描，平素常與西班牙畫家們交往。隨函夾去有關剪報一份，該文報導還算真實。

德進早期的水彩，那沉著的黑線條，冷酷的畫面，表現著憂鬱，激動，不滿的情緒，確實很BUFFET。這種風格，直到他赴歐美後才完全擯棄。

信中談到蕭勤，是因為我在一本雜誌看到他的畫而向德進提起的，德進給我蕭勤的通訊處，使我們書信往還大約將近一年久。這期間，我在馬尼拉的大中華日報寫了一篇「蕭勤與東方畫會」，可惜那篇文章寫來粗枝大葉，未能對蕭勤的藝術作深入的分析。

四月廿七日，德進來信告訴我台灣畫展的情況，並說：「我盼望有一日旅菲華僑畫家們聯合回國舉行畫展，這種藝術的交流，將促成菲中雙方畫家的進步。」他的這種盼望，終於在翌年得到了實現。

一九五九年四月，當我在馬尼拉中國藝術館舉行首次個展後，便接到菲華美術協會來函，邀請我參加與其他七位畫友組成的訪問團回國展覽，我們攜帶作品百餘件，包括油畫，水彩畫，版畫與雕塑等。抵台後，先在台北中山堂展出，隨後即到台中。在台北大約有三星期，展覽以前籌備工作繁忙，展覽以後應酬又多，因此，只和德進會了二次面。

從台北返菲，我又回三寶顏，這段時期，我正在為自己編織著綺麗的美夢，幾乎與外界完全隔絕，因此，也停止了和德進通訊。

一九六二年，德進應邀到美國考察藝術，十個月期滿，便遍遊歐洲。四年中，我雖未曾接到他的一封信，但卻經常在台灣與香港出版的報章雜誌讀到有關他的消息，也看到他的新作品。

一九六六年，德進又回到台北。在一篇文中，他說：「我之所以堅決要回來，是因為我需要生活在自己的國土上，去吸收感受現實的生活，供我創作的泉源。在外國人真實的一面，他們所畫的只是一點殘夢，鄉愁。我要畫的是真實的，血與肉的，健康的一面。畫出我們民族敦厚、和平、水恆而燦爛的一面。」又說：「只有在自己的國家裏，才能創出偉大的作品，也只有在祖國環境裏，才會獲得更多的鼓勵。」那年九月廿日至十月五日，他在國立歷史博物館舉行旅遊歐美歸國畫展，展出的作品，依年代順序排列，類似回顧展。

德進早期的油畫大都是抽象畫，六二年到紐約後的「普普」，與後來從中國民間藝術題材，採用「歐普藝術」的表現方式，閃爍的光彩，平舖的畫面，雖然展示了一個嶄新的技巧，但這種畫風總使人覺得很突然，和他一貫的風格極不洽調，而他的水彩畫，廿餘年來，卻一直遵循著一個固定的軌道邁進。

德進初期（一九五七～六一）的水彩畫筆力雄健，色彩強烈，他筆下那寧靜的野渡風光，農村景色，以及畫中那些農人，攤販，漁夫與青春少女，正顯示著中國人樸實、純良、安詳的個性。中期（一九六二～六六）構圖漸趨謹嚴，著色清新明麗。後期（一九六七～八一）融合西洋畫的技法與中國南宗的精神於一爐，色彩由絢爛歸於平淡，而用筆簡練，富有水墨畫的情趣。畫中洋溢著鄉土氣息，一座山巒，一片荒野，一個沙灘，一葉孤舟，處處顯得不拘細節，只求表現主題，這種風格，雖然使人想起他老師林風眠，然而，它所表現那種新的構圖，新的意境與新的傳統精神，還是屬於德進，屬於台灣的。

一九七二年，我第三次回國，因事先未曾調查德進的住址，抵台北後，只好仍向中山北路學校美術用品社打聽，才知道他已遷至新生南路。

五月廿二日傍晚，我冒著斜風細雨訪德進不遇，留下一張名片，至深夜接到他的電話。隔日下午我由陽明山趕到他的住處，奔上四樓，祇見他身穿深紅色恤衫，佇立在樓梯邊，嘴角掛著淡淡的微笑。握手晤談之後，詳細的向他打量一番，發覺闊別十餘年，他惟一與以前不同的是那梳得整整齊齊的短髮，現在卻變成了披頭。

客廳裏掛著一大幅以粉紅及深紫色為主調的詩人畫像，另一邊有幅風景油畫，背景是黯灰色的，近窗外懸著幾幅水彩畫，其中紫籐花一幅，我記得曾經在一本雜誌看過。廳裏，房間，甚至浴室都掛滿他自己的作品。他送我一本年前出版的畫集和一幅水彩畫，因為都是我心愛的東西，我也毫不客氣的全部照收了。

那晚上，我們步行到信義路一間小館子二樓契川菜，故友重逢，淺酌一杯，暢敘別後情況，真使人不知今夕何夕。離開小館子便相偕到中山北路哥倫比亞咖啡室，它設計高雅，而最特色的是每個月由德進主持一位畫家的作品欣賞會，那晚恰巧正在歡宴哥倫比亞特使，我們這二個不速之客在那裏看到了一些政界知名之士，並意外的遇見張杰。

在哥倫比亞咖啡室飲了一杯香檳，張杰送我一本畫冊，三人便乘計程車到敦化北路良士咖啡室，這裏富有浪漫特克情調，四周壁上掛著德進的六幅水彩畫，近大玻璃窗的一幅畫著田野間二條水牛，一臥一立，神采活現。

五月卅一日我由高雄回台北後，便偕同德進外出寫生。上午九時到「暖暖」，德進於大橋下畫潺潺溪流，我卻蹲在路邊畫對岸的山色，這是我遊台期間所完成的第四幅油畫，由於本地畫布質地粗劣光滑，不如自製畫板的那麼易於控制，加以對景物未曾經過一番靜觀，而構圖與用色又都平淡無奇，畫了很不滿意。中午我們乘車到基隆廟前附近喫飯，這裏德進以前曾畫過，而且作為他第二本畫集的封面。六月二日回菲後，陸陸續續的寫了幾封信給德進。九月廿三日，菲總統馬可斯宣佈軍事統治。馬尼拉的華文報全部停刊，而我平時忙於作畫，沒有與德進聯繫，直至一九七五年八月德進抵馬尼拉再給我寫信，那已是又足足地過去三年了。

一九七五年，席德進由台北飛抵馬尼拉，我正在菲律賓南島三寶顏。有一天，接到他的信：

> 我於昨午到了這裏，多年來說要到菲律賓一行，一直未能如願，遲至現在才實現。

今天洪救國先生已打電話與我連絡上了，記得我還是先認識你的，那是一九五七年吧？那時，我還住在羅斯福路的鐵道旁。時間過得真快，上次你到台北，我們往基隆作畫，又像是很久以前的往事了！

這次我應楊先生之邀，專程來畫人像，因剛到，一切還未安排，也許會逗留到十一月，因為十一月我們在香港有個聯展我必須去參加。

何恭上回台北時，曾告訴我說你邀我到你們那裏去，我真想看看南方的景色。

明天也許我會去碧瑤。

我現在住在一公寓旅社，窗外可看到馬尼拉海灣，一切都感到清新，愉快。盼來信。祝好。八月十日。

知道德進到了菲律賓，更知道他決定來三寶顏一遊，使我感到莫名的興奮。然而，我卻沒有等到他的光臨，便迫不及待的於八月廿七日北上飛馬尼拉。

德進寄駐COPACABANA公寓旅社，它位於與馬尼拉相連接的巴西市。那天下午七時，我在旅社九〇五房看到這久別的摰友，他仍然是生氣勃勃，精神飽滿與三年前在台北會晤時所不同的是唇上多了一撮鬍子。握手，寒喧，話舊，更重要的是看看他十幾日來在炎陽下所完成的水彩畫和於台北拍攝的作品幻燈片，之後，我們便相偕到「貴族餐館」。不多久，洪救國也翩然駕蒞，異邦逢知己，雖然沒有山珍海味，但啤酒一杯，和一大盤菲國名餚烤豬，卻也別有一番滋味。

我們從台北美術界動態談到幾位畫友的近況，也談到菲國施行新社會制度以來各方面的進步。將近二小時的晚餐還嫌短，離開餐館我們信步從羅哈斯大道轉向蔭美沓區，這裏是外來旅客經常光顧的地方，幽靜中卻也擁有一些吸引旅客的生意，最顯著的是餐館，酒吧與旅社林立。我們乘興走進一間以音樂聞名的酒吧。室內除了櫃台與舞台外剩下的一點點空間，排列著小巧的椅桌。我們勉強在最後的一個桌子旁坐下，要了三瓶啤酒一碟炸花生。在黯淡微弱的燭光下，聽那不協調的熱門音樂，使人感到人世間是多麼的狹小，繚亂。據說，這酒吧曾培養出不少的新星，但台上那年青小伙子的歌聲，實在一點也不動聽。結了賬，看看手錶，發覺已近深夜，便送德進回旅社。廿八日下午我與德進約好在「陸士畫廊」見面，那裏正在舉行洪救國個展揭幕禮。七時許，當大部分來賓都到齊，德進身穿白底藍格子上衫與奶黃色牛仔褲出現於畫廊。披頭，長鬍子，使人一看便知道是外來的旅客。這時，外面細雨紛飛，但畫廊裏卻洋溢著一股熱。

廿九日，我與洪救國陪席德進參觀菲律賓文化中心，對著這菲律賓的巍峨建築物，德進發出會心的微笑，觀賞了二樓的古董便到三樓看「法國近代畫展」。

晚上，我約好幾位畫友假凱悅旅社中國館歡宴德進，由於都是圈內人，談來格外投機，也格外親切。論及中國畫，德進說：

> 中國人永遠避免走極端，所以，中國畫歷來就沒有絕對的寫實，也沒有絕對的抽象。
>
> 東方永遠是東方，西方永遠是西方。東方和平，寧靜，西方鼓勵戰爭，愛情。前者是出世，後者是入世的。

他更指出，有些中國畫家，以為宣紙及水墨才是傳統的工具，而忽略了「傳統」在每一個時代都有其不同的特色，不同風格與不同的表現。漢代的繪畫，不同於唐代，宋代的思想，也與唐代的迥異，因此，要忠於傳統，唯有創造新的傳統。

這一夜，雖是以茶代酒，而菜餚也很平淡，但是，大家卻能開懷暢談。

從八月卅日至九月二日，我們帶德進參加了好幾個宴會，一般畫友都不約而同的希望他能藉此機會舉行一次畫展，但較好的畫廊，檔期都已排滿，因此，德進表示還是待以後好好地準備一番再作決定。

九月三日，我因事南下到三寶顏，在忙中為德進寫了一封信，三星期後接到他的回音。

> 上次你專程來看我，真是太感謝了。
>
> 昨天收到來信，我早已完成了三幅人像畫，不過，就此又閒下來，每日外出畫水彩。這裏的人對畫像僅要求與照片相等程度，而且對畫家不太尊重，因此，有幅人像我拒絕畫了。
>
> 我現在最大的願望是到南方去玩幾天，畫一些屬於自己的畫，賺錢與否還在其次。我一定會去你那裏的，請告訴我如何買機票。

我閱後立即寫信告訴他如何買機票，如何到機場。十月廿日深夜，接到德進的長途電話，通知我說他訂於二日後飛三寶顏。

廿二日下午四時，一架菲航噴射機從蔚藍的空中闖進跑道，引擎聲震動四周，機身觸及地面，剎那間只見機門一開，於人群中閃出一個披頭，長鬍子的旅客，還是那白底藍格子上衫和奶黃色牛仔褲，背著畫囊，手裏拿著畫板和畫架。

「我終於來了！」他揮著手向我大聲喊著。也許是彼此都喜形於色的緣故，沒有握手，沒有任何的客套。我駕著車，先送他到我的畫室，把東西安置後，我們便趕著去看回教院和海上那充滿地方色彩的漁船。

「真是美極了！」德進睜大著眼，張開著嘴，像發現新大陸似的狂喊著，濃重的四川口音顯得更濃重。

夕陽殘照，帆影片片，水天一色的紫藍，使整個畫面充滿神秘感，德進拍了幾幀照片，直至夜幕低垂，大地披上一層黑紗，我們才回畫室。

廿三日，晨曦初露，我與德進攜帶著畫具，驅車到郊外寫生。我們在山坳的一棵大樹下停車，踩著亂草叢中遍地的黃花，繞了一個大彎，至山巔上已是汗流浹背。這裏雖沒有台灣的風光嫵媚，山川壯麗。然而，茂樹林蔭，鳥語嚶嚶，卻也別有天地。我爬上茅屋畫對面含笑的遠山，德進卻在芭蕉樹下寫他的綠色平原。不到半個鐘頭，他已完成了一幅水彩畫，而我的油畫卻還正在開始著色，他於是又繼續了第二幅。

下午，德進在回教區古城邊，畫了一幅以古樹為主題的水彩，與昨日的一樣，不能使他稱心滿意。我們又驅車到海濱看漁船，在這裏，他好像突然觸發了靈感，急急地排定畫板，揮動畫筆。紫色的天，紫色的海，有三隻飄泊的漁船，充滿詩意，他畫來一呵成，是在三寶顏所畫的最完美的一幅。

廿四日上午，我帶德進到PASONANCA公園，這公園多年失修，乏人照料，只剩下荷花池塘，我到此作畫，已有十多年了，因此，一到這裏便畫荷花。德進卻說：「荷花台灣多的是，我要畫些能表現熱帶風光的景色。」

下午德進為珍妮畫素描，珍妮剛畢業馬尼拉聖都瑪斯大學美術學校室內設計系，回此後，僱了二位助手開始為社會服務，終日忙忙碌碌。德進來這裏幾日，她雖未能和我們在一起作畫，但是，每次我們畫完回家，她卻是第一個欣賞者。當她聽說席叔叔要為她畫像，高興得立即放下畫筆。德進素描的功夫深厚，在巴黎幾年的磨練，使他畫來得心應手。卅分鐘便完成，不但逼真，而且還把珍妮倔強的性格表現得維妙維肖。

畫完素描，我帶德進到「貿易中心」，在軍事統治時期，這裏是菲國唯一的購物市場，幾乎每一位外來旅客，都要到此一遊，是以市場內通常是人山人海，生意極其興隆。德進那一身像吉布賽流浪者的打扮，引起了人的注意，女店員有向他笑嘻嘻，有向他拉生意的，他竟如入山陰道上，大有應接不暇之慨。突然有個女孩子指著他的恤衫以英語說：「先生，你的上衣為什麼穿反了？」這時，我才發現到他那橙黃色上衣果然真的穿反了。德進卻輕鬆的笑著回答：「這樣才顯得更抽象！」她們也許聽不懂他的語意，但看他那副天真豪放的神采，都不禁哈哈大笑。

德進是個率直，耿介，樂觀而帶有粗獷性格的北方人。他待人接物，不造作，不敷衍，從很多日常生活的瑣事，便可看出他的純真。晚上，我請德進於市郊觀光飯店露天餐廳進餐，坐在鋪滿白海沙的椅子上，凝視著多夢的星空，聽洶湧澎湃的海潮伴著台上樂隊演奏的西班牙民謠，悱惻纏綿，使人悠然神往而忘卻了人世間的紛擾。

回到畫室已是深夜，我們開始了聚首數日第一次的長談。談到他的事，我不禁問他至今已過半百為何還不結婚。

「我從來就沒想到這問題，我一向過慣獨身生活。」

聽了這話，我突然記起他曾經在一篇文中寫著：「我已把全部的愛統統給大自然與藝術。」德進又說：「反正我現在所擁有的已夠滿足自己的慾望，我不注重物質生活，只想畫我的畫，終其一生。」

廿五日上午，德進畫郊外的茅屋，下午他為我畫了一幀素描。因為在這裏還只有一天的時間，德進開始整理幾日來所完成的作品，把不滿意地撕破。其中有一幅畫我的工友，他看了一下，對著我說：「這畫得還不錯，你留下。」畫紙背面還有幾棵大樹，兩面都有畫。因為不是他的得意之作，我沒有請他簽名，就把它放進廚子裏。

廿六日清晨，我們踏著搖搖慾墜的木橋到回教區的水上人家去買草蓆，草蓆是年邁的老太婆所編織的，她們談不上對藝術有何認識，可是所織的草蓆不但構圖新奇，而且色彩鮮豔，德進看得愛不釋手。她們知道德進是外來旅客，價格開得特別高，幾乎超過原價的一倍。我要討價，德進卻認為反正也差不了多少。當他把一張一張的鈔票點算給老太婆時，周圍看熱鬧的村童都鼓掌歡跳。這筆買賣，她們可以作為幾星期的生活費用。

為了趕時間，我們直奔機場，海關人員對外國遊客另眼看待，只有數分鐘，德進便跨上機門，結束了三寶顏五天的旅遊。

一星期後，我接到德進十月卅日的信：

> 我已平安抵馬尼拉，因剛好碰到楊先生要到台北，草蓆當天下午即託他帶去。五天的三寶顏之遊，全靠你熱烈的招待，真是太打擾了。但是，這次的旅遊卻是愉快，也是印象最深的一趟，謝謝你的邀請。
>
> 我的香港入境證迄今未寄來，所以仍留在此，等寄來後即可飛港。這段時期，還可多看看，畫畫，玩玩。

十一月九日德進離菲赴香港，也許因為忙的緣故，直到回台北後才再給我寫信：

> 我已於十一月廿九日返台，在香港逗留廿天，畫展完後，又畫人像，同時也完成了七幅水彩，比在菲的收穫多。這

次到馬尼拉，玩得十分暢快，尤其是在你的三寶顏，令人難忘。所拍的幻燈片，均已寄來，日後加印好，當奉上。

一九七五年聖誕節在匆忙中過去，迎接著新的一年，我與德進仍保持聯繫。在信中，他告訴我說他買了一部「AUSTIN」小汽車，正在勤學駕駛。而且也談到洪通在台北美國新聞處的畫展，談到我於《藝術家》雜誌介紹洪救國的那篇文章和計劃在凱悅旅社為他主持個展的事。最後談到他在菲作畫的感想：

到一個新環境作畫，感到極為新鮮，內心充滿激動。但是，往往由於被異國情調所吸引，畫出來的總成為地方色彩太濃厚的風景畫，而缺乏自我一貫的風格。我在菲國作畫失敗的比率佔百分之八、九十，原因就是太急促了，沒有經過與景物融合。有時畫得十分表面，有時對象太特殊，因為失去控制，反而被對象役使，以至僅描到一個外形，作一次照像的紀錄而已，這是十分令我沮喪的。

以上這段話，相信是每一個曾經到外地寫生的畫家都有過的經驗。

荷展迴響

一九八一年八月中旬我自台北返馬尼拉，廿二日V. MANANSALA去世。出殯那天，我參加在文化中心舉行的追思會。菲國第一夫人致詞，馬可斯總統將「國家藝術家」（NATIONAL ARTIST）獎狀與獎金頒予V. MANANSALA夫人，而把象徵藝術家最高榮譽的勳章放置於古銅色的靈柩上。出殯行列護送至英雄塚，總統府儀仗隊鳴槍致敬，國葬儀式嚴肅隆重，極盡身後榮哀。在悲愴氣氛中回想以前每次聚首談笑風生，暢所欲言，而今一代藝壇巨匠溘然長逝，使人不禁唏噓嘆息。

一九八二年九月十日，我應台北版畫家畫廊之邀舉行首次國外個人畫展。版畫家畫廊主持人李錫奇於八月廿日來馬尼拉，廿五日我們和洪救國搭菲航班機飛台北，抵台北只有一天，當身心正為呼吸了新鮮空氣而稍覺舒暢時，卻突然接到母親的越洋電話，告以珍妮病重進院要我立即回菲。下午與林清玄，李錫奇、朱為白、洪救國赴台中。廿七日下午在盧精華引導下分乘二部汽車到台中縣大雅鄉大度山席德進的墓園。拱門右邊張大千親題「席德進紀念碑」六字，碑額刻著盧精華撰寫「席德進生平事略」，左邊「憶鄉亭」，墓碑上刻「席德進先生之墓」，落款「內江張大千敬題」。公墓不斷地播送著悠揚的古典音樂。

廿九日下午返馬尼拉。三日後，珍妮病愈出院，我又飛台北為畫展展開籌備工作，每日忙於接受訪問。評介文章相繼發表的有：

九月三日，《中央日報》，程榕寧〈談王禮溥的荷花〉。

七日，《時報週刊》，第二三七期陳怡真〈遠觀近賞總相宜〉：

> 去年八月，趙無極畫展揭幕的那天，人群從版畫家畫廊裏溢出了廊外。王禮溥和我都是門外的一份子。我們遂在樓梯上坐了下來，隨意聊起。
>
> 他那時剛從中部旅行寫生回台北，津津樂道埔里、霧社的風光。也在聊天裏，曉得他除了畫山水還畫荷花。
>
> 以往也曾和王禮溥見過幾次面。知道他是菲律賓畫家，從事油畫創作，常到台灣寫生。但因無機會見到他的作品，而每次見面，他也總是衣冠楚楚，文質彬彬，說起話來條理分明，感覺上不太像畫家，倒有些文人的味道。到後來稍熟悉一點，果然證實他確實也從事寫作。王禮溥筆下的荷花來自三寶顏市郊巴絢蘭卡公園的荷塘。從盛開時的深紅，荷花顏色逐漸淡下來，到最後變成白色。從開放到結束，荷花只有短短幾天生命，卻每天顯出不同的美。他以黃、紅、紫、藍各色荷花，繪出他在不同光線、不同景觀、不同心情下所看到的荷花各種意象及神采。
>
> 從最初寫生描繪荷花形態，他逐步根據素描在畫室中完成，描繪的是荷花的神態。在構圖上，近年他慢慢把荷花在畫面上放大了，他感覺這樣更能表現她的美。
>
> 「看山，宜遠觀，而荷花，則遠觀近賞皆宜。在塘邊靜坐幾小時，微風吹送來清香，更能體會荷花出淤泥而不染的高雅脫俗。」
>
> 在技法上，他曾刻意留下筆觸，如今則不用松節油，僅用薄薄的顏料一層層加上去。每加一層總會感覺到不同的意趣。荷葉以顏料濃淡明暗造成的皺褶，逐漸被墨線勾勒的

脈絡所取代。最近一年來，荷葉更隱沒在荷花之後，而以大片的墨藍、烘托荷花的鮮活神韻。

八日，時報雜誌，林清玄〈眾荷喧嘩〉。全文佔三頁篇幅，附彩色荷花五幀，黑白照片三幀：

觀王禮溥的荷花，好像站在塘邊看眾荷喧嘩。他筆下的荷都是花葉巨大，優雅地從池裏撐向高舉的天空，由於他喜愛在背景上使用濃重的顏色，鮮麗的荷花和碧玉的荷葉有時彷彿是從畫布裏伸了出來，言有盡而意無窮。

王禮溥生長在菲律賓，他從事繪畫達廿餘年之久。十五年前他嘗試著畫荷花，竟深深愛上了荷塘的水色，多年來一直畫荷，不能釋手。據他說是受到張大千潑墨荷花的啟示，張大千以淋漓的墨勢畫荷，信手揮洒，興到筆達往往臻於化境，王禮溥嚮往大師的風格，希望用油畫來傳達荷花的意境。

當代除了張大千的墨荷聞名於世，畫荷名家在國內以張杰最著，畫荷數十年而不倦。王禮溥的荷花在菲律賓也大有畫名，若以張杰作比，兩人的荷花不論在性格上或技法上都大有不同。張杰的水墨荷花，畫面留白，用簡單的筆意，繪出荷花的香遠益清，看他的荷花讓人感受到明快的速度和青翠的生氣，他自詡他的荷花「性感」。

王禮溥的油畫荷花，非常注重背景的描繪，他以濃重的塊面色彩做底，來襯托荷花，構圖走的是奇絕的一路。他的荷花是忠於寫實的，講求光線的準確捕捉，因此使我們感受到荷花的精緻與高貴。

張杰的荷是中國水墨畫裏文人筆意的傳統所演化出來的。

王禮溥受到傳統的啟示，同時也接受了印象派技法的洗禮。同樣畫荷，張王兩人走的正是中國現代繪畫的兩個不同方向。

「莫奈以纖細的筆觸，寫朝陽照耀下色彩變化的無窮無盡，蓮花在他的畫裏，只成為朦朧的色彩點綴。莫奈追求的是光影色彩，而不是蓮花本身的美，和中國繪畫以蓮花為中心，用來象徵聖潔品格是完全不同的。」王禮溥的色彩和光線是受到印象派的影響，他的背景塊面的處理則受到抽象表現主義的啟示。但是，最重要的是王禮溥是中國人，他的畫裏總是以荷花為中心，追求一種詩意和境界的象徵。他的愛荷幾乎到了入迷的地步。在菲律賓，他時常清晨黃昏都到郊外的荷花池畔散步，觀看荷花的生長與變化。由於菲律賓地處熱帶，荷花長得格外壯大放肆。王禮溥來台灣時總要到植物園看荷花，只因為植物園荷花雖沒有菲國的高大，卻很細緻。

《藝術家》雜誌第八十八期刊載菲華名女作家莊良有的〈菲華畫壇晨星王禮溥〉：

文學、繪畫、音樂都是表達感情的媒介，誰也不敢奢望有足夠的才華，把心胸裏的情懷以三種不同的形式抒發出來。王禮溥竟然得天獨厚，擅寫擅畫，能彈能唱，一般人已久仰他的文學修養。此外，他舉行過六次個人畫展，藝術造詣之深可見一斑。他也受過音樂訓練，向名師學習小提琴和聲樂，如此天驕，確是寥若晨星！

王禮溥近十餘年來專畫荷花，在爭豔的群芳中，受他青睞的不是象徵榮華富貴的牡丹，也不是嬌媚欲滴的玫瑰，更

> 不是五彩繽紛的「夢雅未惹」（BOUGANVILLA），而是淡雅素潔的荷花，這大概就是文人的「書卷氣」吧！
>
> 明朝宣德皇帝擅長工筆畫，喜繪自然界的花卉草蟲，悠閒時常在御花園裏徘徊，細察各種昆蟲的構造與動作，所以筆下的草蟲栩栩如生。王禮溥，同樣的為了求真，在自己的庭院裏培植了不少荷花，日夜觀摩，細心靜賞。因此，他的荷花逼真生動，清新柔和的色彩，把荷花高雅聖潔的氣質表現得淋漓盡致，令人一見就產生「美」的感受。他的畫技已臻「真、善、美」的境界。
>
> 一位真正成功的畫家，要能在台菲兩地都有相當的聲望，他本身已具有雙重的代表性。王禮溥和洪救國是菲律賓藝壇素負盛譽的名家，我為他倆的成就感到驕傲，因為，他倆的榮耀是華裔的光彩。

《文壇》雜誌第二九〇期，林婷婷〈荷花的光輝，超然的生命〉：

> 羅曼羅蘭說過：「藝術得抓住生命，就像老鷹抓他的俘虜一般，把牠帶上天空，和自己飛上清明的世界。」在王禮溥先生的荷花世界裏，他找到了自己清明的境界。
>
> 早在求學時代，就在報上仰慕到王禮溥先生的大名，閱讀一篇介紹他的文章及評語，得知他不但是位具有獨特風格的畫家，也是一位作家，同時，對繪畫的理論和音樂，都有相當高的修養和研究。後來又聽到他被本地藝術界稱為「荷花畫家」，更以我們華僑社會中有這麼一位突出優秀的同胞而引以為榮。

認識王禮溥先生給我的第一個印象，是他那沉著、穩重的風度和他瀟灑的衣著，無論是穿正派的西裝，或隨意的短袖衫，他對顏色、質料、款式的選擇，更襯托出一種藝術家非凡氣慨。他用一貫喜用的亞麻纖維紙，一枝PILOT PEN，一手別緻漂亮且很藝術化的字，像是書法與繪畫的混合體，也有一種像毛筆寫在宣紙上的效果。一次，我曾打趣地對他說：「您簡直是作畫，而不是在寫字。」跟他交談，不僅覺得他平易近人，絲毫沒有名畫家的傲慢，而且是個很有內涵的人。談吐中他偶而浪漫的幽默，仍不失他穩重的個性。我們在一些活動中，他總是帶著相機拍照。最不上鏡頭的我，經他那高明的攝影技術一拍，卻也留下幾幀派得上用場的紀念照。他說，在作畫之前，他常常於不同的時辰，不同的地方，用不同的角度，把荷花的含苞、初放、盛開的各種形態攝入鏡頭，以便更生動地把它們表現在畫布上。這種細心研究的精神，應該是他成功的條件之一。王禮溥先生不但是位優秀的藝術家，也是位領導才幹不可多得的人——辦事能力強、處事有系統、說話有條理、有眼光、有見地。

在一次的機緣中，我得以欣賞到王禮溥先生的一幅畫。畫中是一枝紫紅色的荷花，昂然地從一池的荷葉伸展出來，像一個剛出浴的少女，高潔嬌艷地挺立著。那荷花灑脫的神韻，那紫紅與碧綠鮮亮的對照，以及整幅畫所表現那份超然的美，竟給我這「門外漢」一股莫名的震撼和無窮的回味。如果說他把心靈交給了荷花，那麼，荷花也已毫無保留地向他展示了生命的奧秘。

王禮溥先生在他那篇「論外師造化，中得心源」中顯示出他對古今中外藝術理論深入研究的心得和領悟，使他的作品更臻「傳神」與抽象境界。他無論是畫荷花或風景，都是造化與心源凝合的創作，表現著一個與世無爭，一塵不染的人，與宇宙、與自然、與萬物和諧共存的那份超脫。在他的藝術世界裏，一切是那麼和諧、靜謐、美麗，而又生趣盎然地充滿了希望、光明、色彩。

王禮溥先生能揉和西方的油畫技巧，而以東方的筆調來創造他獨特的畫風，正是證明他是一位大膽嘗試有創新能力的藝術家。在他的畫中，他用藍、黃、紫、各種不尋常顏色的荷花，描繪出他在不同的光線下、不同的自然景色中、不同的心情下，所看到荷花的各種神采，由此，獨創一格，進入了創造藝術，而從藝術中再造自己的境界。

由於王禮溥先生在菲律賓藝術界的名氣與成就，由於他那東西合璧的畫風，使菲律賓畫界人士從他的作品中，見識到以國畫精神運用於西畫的奧妙，更由於他經常以文章把菲律賓著名的畫家介紹給國內的藝術愛好者，在溝通中菲文化工作上，他默默地做了沒有名銜的文化大使。他曾經表示過，將來要多畫一些屬於菲律賓民族風格的作品。看來，他將更積極地負起這項有意義的使命。

藝術的高峰是不容易造極的，我們希望王禮溥先生能更加珍惜他從艱苦中奮鬥出來的藝術生命，繼續不斷地使它迸出更璀璨生命的火焰，使他的每一幅畫，不但有生命的禮讚，有音樂的旋律，有詩文的凝和，融合著生命的真、善、美，而創造更完美、更新穎、更獨特的風格。

的確，王禮溥先生的荷花，已為我們留下了高潔生命永恒的光輝。我們也敢相信，將來他很可能成為我們這個時代藝術界中一位傳奇性的人物。

九日，《民生報》，蔡淑玲〈畫出荷花的舞姿與旋律〉。《青年戰士報》，鄭木金〈王禮溥畫藝風格獨具〉。

十日，《中央日報》，林淑蘭〈王禮溥戀荷情意綿〉。《中國時報》，李蜚鴻〈王禮溥油畫荷花不一樣〉。《聯合報》，陳長華〈王禮溥筆下的荷花世界〉。下午五時畫展揭幕，到場參觀的有畫家、作家及藝術愛好者，展出期間觀眾絡繹不絕，將近一半的作品為收藏者所訂購。

廿三日，《聯合報》副刊發表張寶鳳〈其人如荷〉。

廿四日，《海光週刊》，王梅〈王禮溥荷展〉。

廿五日，由美國返台在「春之藝廊」舉行個展的馬白水教授到版畫家畫廊參觀。闊別十餘年，鬢髮斑白，惟使人感到意外驚喜的是八十高齡的他一點也沒有顯出老態。認識馬教授是在一九五九年，一九六四及六八年兩次和他在馬尼拉晤面，歲月催人老，往事真不堪回首。見面時他感慨的說：「人的一生就如春夏秋冬，我已由春至冬，而你卻正當盛夏。」我答道：「也許已是到了秋色蕭條的時候了。」

廿九日夜林清玄於仁愛路「吃客餐館」設宴招待，來賓時報週刊發行人簡志信伉儷，李錫奇、古月、旅居意大利畫家蕭勤、名女作家玄小佛和我。席間林清玄太太陳彩鑾講了一段往事：有一天，她到玄小佛家，一走出電梯只見玄小佛獨自一個人在門邊掩臉而泣。問明緣故，原來是因為在房裏看到一隻老鼠。

九月卅日，是我賦歸的日子，文友蔡景福晨跑後到旅社送行，畫家陳永生隨後趕到。問道：「東西都收拾了嗎？」景福代答說：「甚麼都收拾了，只留下一個夢。」

台北個展主要的目的並不在賣畫，而在於理想的實現。展出一切順利，荷花能在異鄉遇知音，使我深感不虛此行。

一九八二年十一月，在一次華人社團宴會中與青年軍中服務團同志蕭綏遠（SANTIAGO SIO）同席。在談話中，他對我表示說：「我們於五十年代認識，那時你還在學畫，我未闖出天下。現在，你已成名，我在事業上也有點基礎。所以，我想開始收藏你的畫。」我問他要怎麼樣的畫？他說：「只要是油畫，題材不拘，任何一年完成的都可以，每年一幅。」最後一句他又加重語氣說：「我要每年一幅。」回家後我花了幾天時間尋覓舊畫。一九七一至一九八二年，每年一幅，共十二幅，事實上我家裏所存的畫也只有這幾幅。聖誕節前二天，蕭綏遠突然駕臨畫室，我把十二幅畫擺出，他瀏覽了一番表示很滿意。通知司機全部帶走，然後從皮夾裏取出一張支票塞進我的衣袋。說：「這張支票，我簽了名，數目由你自己填寫，反正填多少就有多少，你自己作主。」我說：「你對我的支持與顧愛，我萬分感激。但是，數目要我自己填寫，我實在沒法遵命。」他不理我的異議上車就走了。過了幾天，我還是沒有填寫。十二月廿八日他來電話，通知我說年內銀行辦公的時間只剩兩天，要我無論如何把支票存進帳戶。那十二幅油畫都是小品，以當時的價格，超過菲幣拾萬元。我只填寫六萬五千元，空白支票的影印我一直保存著留作紀念。

一九八三年二月，有一天到MAKATI HIDALGO GALLERY，主持人很熱誠的問我是否願意在他那裏舉行一次個展。我答道：「作品已有足夠的幅數，檔期怎樣安排？」他坦率的表示，檔期的安排可以完全遵照我的意思。就這樣，我的第八次個展於三月九日舉行，由於受到畫廊空間的限制，只展出十六幅油畫，雖然籌備時間匆促，成績卻也相當可觀。THE MANILA EVENING POST, MANILA TIMES, PEOPLE MAGAZINE, TIMES JOURNAL, WOMEN'S, SPECIAL等報章雜誌相繼刊載有關畫展評介文章。

四月，「綠荷」（GREEN LOTUS）油畫一幅為菲律賓國家博物館（THE NATIONAL MUSEUM OF THE PHILIPPINES）收藏。次年三月於該館所主持的聯展展出。

八月，我所撰寫《嶺南畫派》由台北藝術圖書公司出版，附色彩插圖百餘幀。為了這本畫冊我二次到香港拜訪嶺南大師趙少昂和幾位他早期的得意門生。《嶺南畫派》於一九九一年再版。

一九八四年八月廿二日假台北今天畫廊舉行畫展，是摯友中國時報吳文雄負責安排。開幕時最早到會場的是愼芝、丹扉、王大空和幾位自馬尼拉專程到台北的親友。在眾多貴賓中，有二位應特別一提的是：早期中國電影明星陳燕燕和來自中國大陸名畫家徐悲鴻的兒子伯陽。展覽期間先後接受廣播電台訪問：

八月廿一日，台北市警察廣播電台，「吾愛吾家」主持人李文。

廿二日，台北市中國廣播電台，「早安寶島」主持人彭興茂。

廿六日，台北市幼獅廣播電台，「千里共嬋娟」主持人馬莉。「弦歌萬里情」主持人周大為。

九月十三日陳陽春、吳文雄陪同南下，十五日在高雄市龍江畫廊展出。決定在高雄展出，是因為一九八二年九月，有一位五十年代三寶顏中華中學同事沈東白神甫二次北上到版畫家畫廊參觀我的畫展，卻未能謀面。後來以電話聯繫，我答應下次台北個展後，一定為他在高雄作一次展出，畫展成果如何在所不計。

一九八五年二月廿日假MAKATI RUSTAN百貨公司GALLERY BLEUE舉行第十一次個展，展出荷花與風景油畫廿二幅。貴賓中有鮑事天博士，邱秀敏、黃淑美、名女作家鄭羽書特地由台北專程趕來參加剪綵，還有幾位令人敬重的朋友。此次畫展較之以前數次可謂是「盛況空前」。

MR. AND MRS. MAGAZINE, DAILY EXPRESS,及MANILA STANDARD, BULLETIN TODAY, TIMES JOURNAL各報均專文評介。

二月廿三日，《聯合日報》「竹苑」副刊主編黃梅〈徜徉於王禮溥的心靈世界〉文中寫著：

> 這是王禮溥在不到二年的期間中，所舉行的第四次個展，其作品之豐富，真教人讚賞欽慕。筆者前曾多次參觀王禮溥的畫展，對他的荷花最為熟悉，可是這次一踏進畫廊，還是給他的荷花新貌所震撼。那是一幅巨型的圖畫，在巨大的畫面中，展現了滿滿一池的綠，幾朵粉紅的荷花，疏落有緻地點綴在那層疊的綠葉中；有含苞待放的，有的則已盛開，好一片幽美恬靜的景色，教人看了心曠神怡，不禁想起了朱自清的「荷塘月色」一文來。
>
> 另外的幾幅大畫，那獨具風格的油畫荷花，他把主題放大，使佔滿了整個畫面，單獨的一朵盛放的大荷花，或黃、或藍、或紫，這一次甚至有一幅採用了墨黑作為荷花的側面背光的部分，真是大膽又突出的嘗試了。每一朵荷花只以顏色的深淺，層次分明地表現花瓣不同形態與色調，使每一朵荷花充滿著生命的耀動。
>
> 不但那些大幅的巨畫能震動人的心靈，就是那幾幅一尺多長的小品，每一朵彩荷，也無不盪漾著畫家作畫時的心思情趣。徜徉在這片通過畫家心靈意識而再現的光影色彩裏，真教人的心思意念也跟著神馳於畫家的心靈世界。
>
> 一個成功的畫家，必然是有著既深沉又超越現實的精神領域，所謂「一花一世界，一沙一乾坤」是也。畫家用畫筆去捕捉自己內心世界裏的幾點靈思，幾份情感，然後用線

條與彩色把它幻化成一景一物，塗抹於畫布上。就像眼前這些荷花，畫面上五彩繽紛地告訴你這是花，那是葉，而實際上一花一葉的佈局設色，都是畫家心思意識與真情的流露。

王禮溥畫荷，常常是以荷葉為背景，再以一朵盛開的荷花為中心，使兩者渾然成一體，構成一幅怡情悅目的佳作。而每幅畫面上不同形態的荷花，從含苞、初開、盛放，以至凋謝，還有粉紅、金黃、藍、紫等各種不同的色彩，都是用來繪出他在不同的心情和境遇下的心靈狀態。詩人若艾說得好，他說：「王禮溥畫中的荷花，已不是池塘裏的荷花，而是他以深邃的情感，特殊的技法，所呈現出來那不屬於人間的心荷。」

這次畫展共展出大小二十二幅畫，其中二十幅主題全是荷花，另外兩幅卻是巨型的山水風景畫，這教前往參觀的人們有點突兀之感，雖然大家都知道王禮溥原先熱衷於風景畫，後來經過多年的摸索追尋，才開始與香遠益清的荷花結下不解之緣，如今怎麼又回頭畫起風景來了呢？王禮溥解釋說：儘管畫了二十年的荷花，但他還是想要改變畫風，選擇風景為題材，理由是：一個畫家在選定一個主題之後，如隨意改變，則徒然前功盡棄。但如一個主題畫了相當時候，則必須換個題材，以期在藝術創作上更形突出、進步。

他說去年在台灣開畫展時，名雕塑家楊英風招待前往「埔里」住了幾天，發現那裏的山水真可說是冠絕台灣，尤其是早晨日出前的山景，那種山嵐氤氳，光影變幻的萬千氣象，真是美得無以復加。返菲後，雖然已過一段時日，卻一直無法忘掉「埔里」的美，因此，才拿起畫筆，嘗試把心中所感受到的那份美感畫下來，這便是今日所展出的這兩幅風景畫。

認識王禮溥的人，都會為他的翩翩風度所吸引，知道王禮溥的人，更會為他的年齡與外貌之不成正比而驚訝。這裏，我忽然想起了詩聖杜甫稱頌曹霸將軍的繪畫技術的一首長詩〈丹青引〉，以裏面的兩句詩，送給我們的王禮溥，作為本文的結束：

丹青不知老將至，
文采風流今尚存。

一九八六年二月三日邑沙不流血革命爆發，推翻馬可斯獨裁政權。高莉・亞謹諾（CORAZON C. AQUINO）宣誓就任菲律賓共和國第十一屆總統，恢復民主政制。

五月十三日，青年作家東木星發表〈香風十里〉一文。說：

當愛荷畫家王禮溥先生拿出他所完成的巨幅壁畫「香風十里」的照片給筆者觀賞，筆者立刻被一股莫名的震撼吸住了。

說震撼，是因為畫面是一片氣象磅礴的暗藍色荷葉，漫池遍野向你臉上覆蓋而來；說溫馨，是因為一池池的綠，荷花優雅地佇立在空中，有含苞待放的荷花，有初開、有盛放的荷，嬌妍高潔的從畫布伸了出來，讓人驚喜，溫暖之心頓生。

王禮溥的畫荷技藝已臻化境，觀賞他的荷花，好像站在荷塘看眾荷喧嘩。據說王禮溥畫荷一畫就畫了二十多年，至今仍樂此不倦。

> 王禮溥用的是西洋的色彩，表現的卻是東方的情調，這是因為他有東方藝術家的人文思想與藝術素養。王禮溥說：「我畫荷花，目的不在描繪花的形態，我嘗試採用不同的顏色，企望表現她的另一生命。」這即是以相表意的境界。菲律賓的美術評論家怡示賓洛沙（F.L. ESPINOSA）在看了王禮溥的荷花後，撰文讚賞道：「融合中西藝術於一爐的王禮溥，採用明麗而不俗豔的色彩，他的畫有一種柔和光輝的效果，一種使色彩由絢爛歸於平淡的效果。」王禮溥是以黃、紅、紫、藍各種顏色，繪出不同光線，不同景觀的荷，而賦予生命與神采，他的荷花從寫實中提煉，強調光線的準確捕捉，獨步古今。
>
> 雖然王禮溥在藝壇上已建立崇高的地位，但他仍說：「一切只是一個開端，畫了三十多年，我認為自己的風格還在蛻變中，也許今天看來滿意的作品，明天又會毫不猶豫的用白顏料把它蓋掉。我從不滿足眼前的現實。」
>
> 王禮溥就是執著這個信念，不斷地創作，他二年一度的個人畫展，目的即在證明自己兩年中的藝術成績，因為藝術是無終點的。

五月卅日，應邀以「荷花」（32×55英寸）油畫二幅參加菲律賓藝術博物館聯展。

一九八七年五月十三日，第十二次個人畫展於馬尼拉市畫廊（MANILA CITY GALLERY）舉行。

七月，風景與荷花作品各一幅列入MANUEL DULDULAO所著的「A CENTURY OF REALISM IN PHILIPPINE ART」。

十月，有一次約洪救國聚餐，見面時他遞給我一個包裹，說是蔡景福太太洪維琪要他代轉。回家後拆開一看，原來是兩本菲華文藝工作者聯合會五、六十年代的會議紀錄（不是文稿）。這時期，我所撰寫的《菲華文藝六十年》早已脫稿，「文聯」部分只佔全書三百十五面中的數頁而已。這些資料並沒有甚麼重要。

蔡景福筆名亞薇，是我妹夫林竹茹的表哥，說起來也算是一位親戚。他於菲島光復初期主編《前鋒報》副刊，五十年代接編公理報副刊。六十年代主編《劇與藝》季刊。一九七五年任台北世華銀行董事會秘書，一九八七年七月二日病逝。景福生前習慣每日寫日記，四十餘年從不間斷，去世後不久，洪維琪要我協助處置寄存新疆書店的四大箱物件。箱裏主要的是日記與照片，我把它們重新整理合裝一箱，日記原封不動的送交洪維琪。

十一月廿九日，迪里與謝美安（ANNABEL SIA）經過十餘年愛情長跑終於結為夫婦。

一九八八年十二月十日，迪里長男麒瑋（WESLEY MILTON）出世。

一九八九年十二月二日，希白長女麗莎（CHARISSA GAIL）出世。七日，愛倫與黃瑞恭醫師（DR. JAIME WEE）結婚。

一九九〇年，珍妮偕同五兒女CHERYL JAYNE, VINCENT JON, JOHN PAUL, VALERIE JOY, CHARLES JOHANN移民加拿大。九月九日，愛倫長男韋寧（JON KAISER WEE）出世。

一九九二年五月十八日，希白次女倩敏（GERMAINE LEI）出世。一九九三年十一月十二日，愛倫次男韋端（KURT JOHANN WEE）出世。一九九四年十一月十八日，希白長男倩寶（CHAD PAUL）出世。一九九五年九月十二日，希白三女燕燕（GILLIENE MAE）出世。二〇〇二年三月廿六日，愛倫三男JAMISSON KIMM出世。二〇〇三年九月五日愛倫四男JAMIE KENLEY出世。二〇〇八年一月十八日希白次男ZIAN KRISTOFFER出世。

故國家鄉

對荷花的愛戀長達廿餘年，雖然表現技巧未臻爐火純青境界，我卻感到繪畫題材應該有所改變。我熱愛風景畫，因為，山川草木，造化自然，在冥冥之中統馭著人類的智慧，是以描繪大自然景色與描繪人物的藝術作品，同樣有著感人的力量。宋、辛棄疾說：「一丘一壑也風流。」即便是一片山丘，一個溪壑，也同樣充滿無限的情趣，足以讓人怡然神遊。塞尚：「萬物因我的誕生而存在。」中國也有「信造化之在我」的論說。「春覺齋論畫」：「畫家之手有造物之權，一幅之紙，即吾之天地。」中國古代畫家與詩人一樣，由於受到莊子思想的影響，大自然雄偉寧靜的景色，成為表現的重要主題。從唐、五代、宋、元、明、清直到現代，一千餘年來山水畫始終是繪畫的主流（MAIN STREAM）。西洋繪畫是以人物為重要題材，至十九世紀印象派崛起風景畫才得到重視，這種重大的轉變，是受日本繪畫的影響，而日本繪畫卻是受到中國的影響。

談風景畫，塞尚說：「不要以追隨那些前輩畫家美麗的形式為滿足，要從大自然去探求，去研究。我們不但要憑感覺表現自我，同時更要以思考的能力改變並呈現我們的視覺，因為，只有這樣的精神，才能獲得真正創作的自由。」要「從大自然去探求、去研究」。使我想到「中華大地，無山不美，無水不秀。」早年夢遊神州，那時期是有家歸不得。但，我想，也許十年二十年，也許卅、四十年。當嚴冬已過，春天即將來臨，海峽兩岸有了統一的共識，我便可以自由揮洒彩筆，描繪胸中的丘壑。

一九八九年，我夢寐以求的大陸之行終於得到了實現。

「五嶽歸來不看山，黃山歸來不看嶽」，天下第一奇山的千姿百態，不知震撼了多少人的心弦。早年從明末大畫家弘仁、石濤、羅聘、梅清與近代黃賓虹、張大千的作品中，對它即有無限的嚮往。大陸行，黃山是最主要的目標。其次，「上有天堂，下有蘇杭」。杭州是中國六大古都之一，是江南瑰寶。杭州與紹興近在咫尺，水鄉小鎮風光旖旎，必能使我獲得豐收。而這樣，三星期的時間正好分配。至於蘇州、無錫與南京相連，可作為以後遊覽的另一個旅程。

萬水千山尋舊夢

八月初旬，我到香港探望大姐德蕙，逗留一星期，然後搭港龍班機飛抵闊別半世紀的家鄉廈門。晚上八時許飛機降落高崎國際機場，隨著其他旅客魚貫下機，一跨出艙門，在黯淡燈光下首先映現眼前的是幾個肩荷長槍，神情嚴肅的公安人員。進入機場大廈領出行李，驀然發覺有二個女人在窗外歡叫，我心想這可能是三妹德英的女兒。走出機場大門，果然就是外甥女愛敏、愛瓊。此外，還有三妹，三妹夫徐振中，外甥永輝、外甥婿和三個可愛的小寶貝。他們把我擁上小客車，約莫七、八分鐘光景，便到了湖里區徐厝社。湖里是新開闢的特區，三妹的家就在大路邊的巷子裏。龍眼樹、瓜棚、村舍，在黑夜裏踩著柔嫩的土地，心的深處有種親切感。

三妹自機場見面就緊緊地握著我的手。記得小時候，每次與她及大姐外出，她倆總同樣的緊握著我的手，大姐是恐我失散，三妹卻是怕自己迷路。大姐生於一九二七年十二月十九日。中國大陸解放後在福州工作，歷經千辛萬苦申請出國獲准，一九八〇年攜著外甥女逸心到香港與離別數十載的姐夫團聚。我每次遊香港，相偕外出逛街購物她總是習慣性的緊握著我的手。當橫過街道也必定再三囑咐要小心行走，就像我是永遠長不大的孩子似的。一九八四年，三妹到香港探親，我特地由台北飛港，那是八月廿九日夜。見面時，大姐即告訴我說：馬尼拉來電話，有事要我趕快回家，已訂了次日的菲航班機。三妹從機場見面至大姐家就一直緊握著我的手，餐後我躺在床上休息，她坐在床邊椅子上向我傾訴別後情愫和述說家鄉近況，仍舊緊握著我的手，直到我在不知不覺中進入夢鄉。機場敘別，她要我答應有一天回大陸探親，才依依不捨的灑淚揮別。再相見雖已過了五年，事實上，我是連做夢也不敢相信會於五年後真的回鄉。說回鄉情怯，我的心境倒是很平靜。闊別四十餘年，再踏著這我熱愛然而卻又陌生的故土，內心所感受到的是：「身在他鄉夢故鄉，故鄉今已是他鄉。」

到廈門的第二天上午，在阿瓊同事的服務下駕著他的小客車送我們至郊區禾山，由殿前、後埔、鍾宅，經過薛嶺到江頭。我下車拍照，對我來說，禾山除祥店社外，江頭這小村鎮最使我懷念。

到禾山祥店社在父親幕前點香燒梵紙後，便繞著阡陌小路到我們以前的住處，這位於全村最高地帶曾經是有名望的家，如今卻成為破落戶。佔全面積三分之二已倒塌了的大廳、庭院和當年祖母的正房，據說被堂弟以二百元人民幣賣掉，剩下的是二伯父與我們居住的左側廂房。這飽經憂患的房子，正是苦難年代的一個縮影。它斑剝的牆壁上刻畫著歲月的痕跡，記錄著我童年的回憶。

從家的右邊下坡，到了故黃水庭醫師住宅。在當年，它門前的廣場是我們一群村童手執木製銀色大刀操練的地方，而最使我難忘的是，故鄉淪陷時父親被日本鬼子綁在庭院間的木柱。我在這裏拍了幾幀照片，便到禾山第二中學，妹夫在路邊小餐館買了幾道菜，商借學校會議室進餐。第二中學前身翠英小學是我的母校。

在廈門第三天上午，我與阿輝遊中山公園畫了幾幀素描，然後搭輪渡到鼓浪嶼。這在第二次世界大戰前被譽為世外桃源的租界，命途多舛，如今是一片暮氣沉沉。從復興路要返碼頭途經海壇路，無意中發現一家工藝品店，門旁櫃裏陳列著不少造型相當美觀的陶器。一個女服務生倚櫃入神的翻閱連環圖畫，阿輝走近輕輕喚了一聲「同志」！她連理都不理，仍舊陶醉於連環圖畫中。店裏另一個櫃台圍著不少比我們先到的顧客，他們也同樣的在等著她的服務。不約而同的幾聲「同志」！她還是聽而不聞，最後，大家只好各自散去。

黃山歸來不看嶽

在廈門前後四天，原計劃搭飛機由杭州登黃山，可是，當我們在中國旅行社訂機票時，負責接待的張小姐於獲悉阿輝是中學教師。表示說：「國內同胞坐飛機，必須是文官處長，武官團長以上，不能不劃清階級。」我故意開玩笑說：「教師是師長，官階較團長還高一級。況且，我外甥隨行，買機票的錢是我以美金兌換的，又有什麼不可？」「限於規定。」張小姐表示絕無通融餘地。我們只好改搭火車到屯溪，我以外匯券一百十八元三角購到軟臥座。張小姐又說：「讓當教師的搭軟臥座有違法令，在我們這個國家是絕對辦不到的。」阿輝不得不搭硬臥座。次日清早，我們進車站便分頭上月台，九號列車每房上下左右共四個舖位，八個廂房只有我隔壁有位國內同胞，看樣子該就是團長級以上的軍官，其他各房都空無一人。阿輝找到了我，進房後順手把門關上，祇是輕輕一推，花了九牛二虎之力卻再也拉不動。他急中生智用小刀子把門鎖的螺絲旋鬆，門開了鎖也隨著掉下來。有位服務生恰於此時從我們面前經過，阿輝請他幫忙裝上，服務生不瞅不睬。說：「鎖弄壞，門不要關就是了。」

火車於上午八時廿五分開動，幾分鐘後到達集美，突然從前面車廂湧來了一大群搭客，爭相搶佔舖位。其中三人闖進我房裏，一老一小佔了上舖，另一個中年人則躺在我對面的床舖。我與阿輝對這些搭客的光臨正感到意外的驚訝，只聽他們交談了起來。原來三人都是購最便宜的硬座票，在火車開動後，各以香煙一包奉送列車長便堂而皇哉的搭上有空調的軟臥座。這時，我耳邊又響起了張小姐清脆的聲音：「讓當教員的搭軟臥座有違法令，在我們這個國家是絕對辦不到的。」中年旅客對我說：「為什麼要花那麼多錢買軟臥票？我每個月來往不曉得要跑幾趟，每次都是這樣買硬座票，待火車開動了，向列車長送份禮便進了軟臥座。甚麼劃清階級，瞎說，那只是騙你們外來旅客的。」

老、中、少搭客雖是在火車萍水相逢，卻一見如故。三人談天說地，手不離香煙，沒多久整個房間便黑煙瘴氣。中年搭客遞來一支香煙，我與阿輝很客氣地婉謝了。阿輝忍不住二手煙的衝擊便告辭離去。那中年人對著我說：「你這個外甥當教員，沒見過世面。連香煙都不抽，不懂得應酬，是難以有出息的。」他的話是不是代表一般老百姓的思想觀念？好像沒有香煙這國家的人民就無法生存下去似的。中年人是跑單幫的，據說，文革時期，很幸運的沒有受到逼害，這幾年來經常到外地走動，生活過得稱心如意。他帶來一個盛滿熱茶的大杯子，自己啜了一口，然後敬上舖二位搭客，他們接了杯子也各自喝了一大口。三個陌生人合用一個杯子，看在我這「出外人」眼裏確實有點不習慣。早上起床進盥洗室，同房老年人正以一條破舊毛巾使勁的猛擦上身。看我進去，便急忙把擦完的毛巾沖洗，然後好意的雙手遞給我。說：「給你用，給你用。」可能，在大陸這是種特殊的禮貌，但，用人家擦身的毛巾，我有生以來未嘗經驗過。

火車於上午十時許抵達屯溪。一〇一八公里共跑了廿六小時，如果只是為觀光旅遊，付出這麼大的代價確實得不償失，但為了一窺黃山真面目卻還是值得的。由屯溪到黃山全程七十九公里，我們搭的公車一開動司機便不停地猛按喇叭。遠遠地大樹下蹲踞一個農夫，要按幾下喇叭。有隻公雞在路邊跳動，也要按幾下。按喇叭像是司機威嚴的象徵，坐在他身旁，聽了二小時半刺耳的喇叭聲，終於聽到了黃山。為恐山上旅客多無處投宿，我們預先向代理處訂了排雲賓館的房間，言明要有衛生設備。在山下高雅的桃源賓館過了一夜，我與阿輝便攜帶簡單的行李從雲谷寺乘纜車上白鵝嶺。遠眺天都峰，祇見千峰競秀，巧石爭妍，萬壑橫峙，奇巍壯觀，真是人間仙境。

天都峰海拔一八二九公尺，險峭雄奇。古人有詩讚說：「任他五岳歸來客，一見天都也叫奇。」以前登山無路，一九八二年開始在半山寺旁鑿一石道，全長一〇五〇公尺，共二千一百餘石階，直達峰頂。天都峰古稱「群仙所都」，它是黃山七十二峰中最主要的一個風景區。

從白鵝嶺步至散花塢，「夢筆生花」與「筆架峰」是這裏一對景觀奇絕的峰石。「夢筆生花」是山澗深谷一根崛起的擎天石柱，頂端如錐，形態似支巨大的毛筆，奇松生長在石柱上，就像是一朵鮮花開在巨筆尖端。它的左首有座山峰，頂分五岔。狀似筆架。奇巧天然，與「夢筆生花」相得益彰。

在散花塢畫了素描，拍了一些照片，看看天色已暗，我們便拄著竹杖，走了三公里路到排雲賓館。排雲賓館餐廳有十數餐桌，高朋滿座，一進大門，便見地上都是骨頭殘渣，菸蒂紙屑，桌面的油膩，令人難以消受。我們點了三菜一湯，阿輝要了一瓶碑酒，一大碗菜湯只有一根湯匙，阿輝向服務生多要一根，她不耐煩的大聲答道：「湯匙沒有了，倆人可以合用。」「杯子。」阿輝高舉碑酒示意說。「喝碑酒，還要杯子？」她睜大著圓圓的雙眼，然後轉身進廚房。

排雲賓館房間沒有衛生設備，至此始發覺在山下訂房間時受騙。公共廁所設於賓館後面，是聞及臭味找到的。門前豎立一塊牌子。寫著：「旅客隨意大小便，罰款十元。」自忖既有此牌廁所裏的衛生該不致會很差的。但，當推開那歪歪斜斜的小木板門，才知道原來是個茅坑。滿地蠕動的蛆，臭味薰人，我探首一瞥便覺眼暈目眩，緊緊停止呼吸掩鼻退出。這時，恰巧迎面走來一個服務生。我對她說：「這麼髒的廁所，如果便急，實在情願讓你們罰十元而就地解決。」下了石階，隨著路標的指示，尋尋復尋尋，繞了一大圈子看見「廁所由此進」，真是喜出望外。又走了一段路，轉了二個彎，終於在樹叢中找到了，不幸的是，門上赫然寫著「女廁所」三個字。正感到失望，忽然對面跑來一個男人，可能是已到了忍無可忍的關頭，行色匆匆，以為四下無人遠遠的便扯下長褲拉鍊，迫不及待的拉出他那「不文之物」，頭也不抬的闖進廁所。只聽見一陣女人叫罵聲，那人氣急敗壞飛也似的又跳了出來。

翌日天微明，隱約聽見窗外一陣嘁嘁喳喳女人的聲音。探首一望，看見四五個旅客正排隊輪流如廁。就在此時，一個瘦小老婦慌慌張張的從廁所裏跳了出來。叫著：「好臭，好臭呀！」排在門邊第一位像是早有了心理準備，半蹲著扯下內褲，顯示捨身殉道，義無反顧的精神跨進廁所。不一會兒，連裙子都來不及放下，拉著褲子衝了出來。長長的吐了一口氣：「啊喲，我的媽呀。真臭死人！」

由排雲賓館經西海、北海到始信峰，路邊有「黃山始信天下奇」的牌子。始信峰位於黃山東北部，海拔一六六八公尺，它三面臨空，懸崖千丈，雲蒸霞蔚，峰東有渡仙橋，過橋入「淨土門」，歷史上有不少文人雅士在這裏飲酒撫琴，腰峰有密集參天大松樹，蒼勁多姿。張大千當年三上黃山。說：「黃山無松不古，無峰不奇，而始信峰尤奇，詭不可名狀。」始信峰造型的奇特完美，確實使人驚訝大自然會有這麼美好的安排。

由於是初次登山，穿一雙軟底皮鞋，上山下坡大有行路難之感。加以水壺留在旅行袋寄存山下，食水不便。還有，未能事先訂好房間，無法於山上久留。「奇境以粗遊了之」，實有失造化本旨。我告訴阿輝說：「一定要再來的。」

黃山的「美」，美得令人心醉；黃山的「奇」，奇得令人著迷。遊黃山是我有生以來最難以忘懷的一件事。它使我發現了今後於繪畫上應走的路向，對我的藝術生命有極深遠的影響。

杭州西湖多嫵媚

黃山與杭州相距二七八公里，主要的交通工具是公車，為了趕時間，我們搭清晨六時半的班車。六時到車站，等了廿分鐘，車子終於來了。座位是對號，搭客們仍然推拉擠搶，連小姑娘也不甘落人後，叫罵聲此起彼落不絕於耳，待到大家都上車坐定，才逐漸平靜下來。公車準時開動，近午到了一個小村落，遠遠有三數餐館招牌，但司機卻把車子停在村郊一家小食店門口。搭客爭相下車進店點菜用膳，看那破舊不堪的古老房子，髒兮兮的餐具椅桌，和那顏色也不甚雅觀的菜餚，我拉著阿輝到店口，從旅行袋裏取出礦泉水與乾糧充饑。

吃飽後，我到小食店後面小便。屋簷下放置一個大約三十英寸高的大木桶，土墻壁上貼著一張褪了色的舊報紙，歪歪斜斜地寫著「男廁」二個大字。就在我剛站定時，忽然聽到女人的聲音，大喊：「救命，救命啊！」回首朝大路土堆邊望去，祇見那用竹籬圍成沒門的女廁，有個女人兩臂張開托住大木桶邊沿，雙腳朝天。我想，可能是便急，坐上大木桶用力過猛半身跌進桶裏。當我面對著她，由於雙手無法移動，她向我點頭示意，像是懇求我救她。我一時張皇失措，急急衝進女廁，正待把她扶起，卻突然想到；在那種情況下，只有站立於雙腿之間用左右手從她腋下使盡氣力往上一抱，才能把她扶起。然而，採用這種姿勢，當她的身體離開大木桶，我們倆人必然是臉對著臉，身體貼著身體，萬一到時候她指我存心不良，蓄意想吃豆腐，又將如何自辯？最後，我還是通知阿輝請小食店老闆娘把她扶了起來。

這件事，使我想起童年時候的一次經驗：那是一九四二年。有一天，搭電車要到RIZAL AVENUE，因為搭客不少，我站在門邊。當電車剛開動，車門未關，有個女人追上攀住門邊的扶手，也許因為身材過於豐滿，未能一躍上車。在危急中，我身旁一個青年見義勇為用左手緊抓她的右臂，同時伸出右手要抓左臂。可是，電車飛馳速度逐漸加快，匆忙中竟捉到女人胸前那像大木瓜一樣的乳房。女人終於上了電車。我正為她的安然無恙而笑逐顏開，以為在感激之餘她至少會給那青年一個親切的表示，或者，甚至像電影故事一樣的賜予一個熱吻。想不到，女人在驚魂甫定後，杏眼圓睜，右手脫下足上的木屐，不由分說的朝那青年的頭上猛敲著。破口大罵「BASTOS！」（註：菲語，意謂下流。）

青年出手相助，看得出是基於一番好意。千不該萬不該就是不該捉到女人胸前那個大木瓜，只好自認倒霉。英雄救美人，雖然充滿浪漫情調，但是，憐香惜玉，有時卻反而惹是生非，實在也不能過分大意。

到大陸旅遊，最使人感到不便的是交通工具與膳宿，我由於外甥阿輝隨行，有些問題還能迎刃而解。作畫與旅遊性質不同，旅遊在於放眼世界，增廣見識，一切都要有妥善的安排，每到一個地方也都有導遊領隊，每日跟著人家走無所牽掛。作畫在於尋覓大自然美麗的景色，而一般而說，可入畫的地方不一定可遊，可遊的地方也不一定可入畫。為了達到作畫的目的，有時對物質上的享受便不再存有過分的要求，這就是我所以沒有參加旅遊團的原因。

公車駛進杭州市已是下午三時半。雖是「六四」剛過去，外來的旅客甚少，一般較好的旅社都還是客滿。我們一家一家的問了，直至近黃昏還是未能尋得住所，最後找到了一家開張不久的中等旅社。內部設備差強人意，遺憾的是服務生與其他國營機構一樣態度惡劣。為了避免多惹閒氣，我囑阿輝負責辦理租住手續。

杭州是中國歷史上名城，它以西湖的多彩多姿馳名於世，「天下西湖三十六，就中最好是杭州。」西湖的美在於無論春夏秋冬，或晨昏陰晴，月夜霧雨，都一樣的嫵媚可愛。西湖依傍在杭州的西部，三面環山，波平如鏡，碧水泱泱。在炎熱的夏日，一葉扁舟，盪漾於湖光山色間，清風輕拂，眼界為之一廣。

西湖的「三潭印月」，建於明萬歷三十五年（一六〇七），是湖中最大的一個島，位於南端湖面上。全島花木扶疏，乘遊艇從此登陸，經浙江先賢祠，到三潭印月中心綠洲的九曲橋。「白堤」全長一公里是西湖北線從少年宮通往孤山的長堤，由於唐代詩人白居易主持修築的白公堤湮沒不可尋，杭州人民為紀念他，就把此名為白堤。白堤遠望宛如湖中一條美麗的錦帶。漫步堤上看群山含翠，飄絮飛英，令人心曠神怡。白堤的起點是斷橋，它在西湖近百座的橋中獨享盛名，據說，民間故事白蛇傳中白娘娘與許仙就是在這座橋上初次相會。

「蘇堤春曉」，俗稱蘇公堤。全長二・八公里，共有六橋，蘇堤是北宋大詩人蘇東坡在宋元祐四年（一〇八九）任杭州知州時利用挖起的淤泥築成，後來為紀念他的功績故名。置身這富有歷史價值的長堤，不禁興起思古之幽情。「柳浪聞鶯」是一座以春花為主景的大花園，臨湖有輕柔裊娜的柳枝俯垂湖面，有迎風搖晃貴妃醉酒的「醉柳」。園內南有露天舞台，北有畫廊，還有清康熙、乾隆御題的「柳浪聞鶯」碑亭。「曲院風荷」以原有碑亭為起點，沿岳墓街環湖西路至玉帶橋，公園裏有五大風景區。湖裏荷花多為白色，和一般紅荷相比較，她顯得清淨脫俗。

在杭州，參觀岳墓的遊客最多。大陸同胞好像沒有排隊買票的習慣，售票處幾十個人你推我拉的亂在一起，阿輝擠了十幾分鐘才搶購到二張入門票。岳墓建築規模宏大，進了大門，墓前照壁刻有明代洪珠手筆「盡忠報國」。兩側各有碑廊一列，基道盡處有方池，上架石橋，橋前為墓門。過了墓門便是墓地，正中岳飛墓，墓碑刻「宋岳鄂王墓」，左側岳雲墓，碑刻「宋健忠侯岳雲墓」。岳飛一生戰功卓著，所統率岳家軍紀律嚴明，加以賞罰分明，在抗金戰爭中無不身先士卒，奮勇殺敵。因此，屢建奇功。他竭力反對屈膝求和，結果雖不幸為宋高宗趙構與奸臣秦檜所謀害，但，他的精神卻永垂千秋，為後人所共欽仰。岳飛不僅是一位民族英雄，而且也是一位愛國詩人，所作「滿江紅」是我國流傳最廣的一闕古詞，岳飛的詩詞留下只有十數首，很可能是戰爭頻乃，隨寫隨棄無意保存。岳飛墓前欄杆裏跪著秦檜與王氏雕像，右側木板寫著：「講究衛生，請勿吐痰。」然而，遊客們的痰還是照吐不誤，那並非不講究衛生，而是發洩內心對秦檜的痛恨。

杭州靈隱寺是江南著名古剎，建於東晉咸和元年（三二六）。提起靈隱寺便使人想到民間傳說中的濟公活佛。靈隱寺前面是「天王殿」，大門上高懸康熙手筆「雲林禪寺」匾額。天王殿正中供奉人稱「皆大歡喜」的彌佛，兩側有身高八公尺的四大金剛。大雄殿高三三・六公尺，「大雄」意為大勇士，是古印度對釋迦牟尼尊稱。殿內正中供奉一九・六公尺的釋迦牟尼連座高約二四・八公尺，它是我國最大木雕坐式貼金佛像。靈隱寺不但俱有悠久的歷史而且也俱有不朽的藝術性。

在暢遊了慕名已久的西湖名勝古蹟，我們便決定赴紹興。那天清晨，僱三輪車到車站，站裏牆壁上貼滿標語，真是淋漓滿目，熱鬧非凡。其中最引人注目的有：「文明參觀，文明服務、文明候車」和「文明禮貌示範進口」，中國文字修辭技巧的獨特，有時在於它寥寥數字即能充分表現出深奧的意義。但對於這種不知所云的「文明」標語，限於自己學識的淺陋，雖經過再三的推敲，再三的品味，再三的運用「文明思想」，還是難以心領神會。而「文明市民、創文明車站」倒真是現實的寫照。候車的搭客有席地而坐，有赤膊於板凳上酣睡，有吞雲吐霧手不離煙，有高聲談論爭吵叫罵，而滿地的煙蒂、紙屑、果皮，應有盡有。

在杭州，有一件事值得一記：

那是有一天午後，我與阿輝背著照相機，帶著速寫簿漫步景色迷人的湖濱路。當走過望湖賓館門前的一棵梧桐樹，突然，從樹後閃出個身材瘦小穿著一襲褪了色藍灰唐衫的中年婦人，表情嚴肅的用手指著我大聲喊道：「你吐痰，罰五毛。」

浪跡海外半世紀，初次重履國土，對這平地風波真感到莫名其妙。

「你吐痰，罰五毛。」又是聲色俱厲的喊道。

「太太，這到底是怎麼一回事？」

「叫同志。」她命令著說：「你吐痰，罰五毛。」

「對不起，我剛從海外回來，實在不明白你的意思。」

「不要對我說你是華僑，我們這裏沒有特權。」她橫眉怒目的喊道。

「我不需要特權，可能你也沒有資格給我甚麼特權。」她的盛氣凌人使我難以消受：「我只是說，因為剛從海外回國，不曉得你們這裏的規矩。而且，事實上，我並沒有吐痰。」

「你吐痰。」

「好，你既然認定我吐痰要罰錢。我想請問，你是誰？請出示身分證。」可能是我態度的突然轉變出乎她意料之外。只見她先是一愣，然後右手插進褲袋摸了一陣子，拿出一疊五毛錢的人民幣。

「這是你向路人罰來的錢，我要看的是你的身分證。」我說：「無法出示身分證，那麼，我再問你，你根據什麼規定要罰我五毛？」

也許由於一向習慣向人罰錢，從來沒有人膽敢這樣理直氣壯的與她理論。一時之間，她竟答不出話來，臉上顯露著尷尬的神情。

「無法出示身分證，也說不出到底是根據什麼要罰我五毛，卻一口咬定說我吐痰。我又要問你，痰吐在哪裏？」

「就在梧桐樹下。」她充滿自信的指著我背後那棵梧桐樹。

這時，我驀然想起，剛才跨過梧桐樹，因四周圍著紅磚，我曾俯首一瞥，可能是這動作使她誤以為我隨地吐痰。我卻記得很清楚，梧桐樹下周圍根本沒有痰。

「坦白的告訴你，我實在沒有興趣為這區區五毛錢與你計較。我所要爭論的是公理，你說我吐痰應該罰錢，如果接受處罰，那表明我承認自己有違犯法規的行為。但是，我並沒有做錯事呀。」

「你吐痰。」

「好，你既然堅持說我吐痰，而且肯定是吐在那梧桐樹下。讓我們以事實證明，那梧桐樹下如真的有痰，就使你沒法證明哪些是我吐的，我也同意接受處罰。不必說五毛錢，我甚至願受罰五十元。但是，萬一梧桐樹下連一口痰也沒有，對不起，希望你馬上離開。否則，你存心敲詐，我要你到公安局理論。」說罷，我握著她乾枯的手走近梧桐樹。兩對眼睛幾乎同時向地上看去，連一口痰也沒有，她驚惶的望了我一眼，便拔腿慌張而遁。

翌日清晨，決定赴紹興。搭三輪車到車站，阿輝夾在人群中排隊買票，我溜出廣場呼吸新鮮空氣。忽然傳來一陣吵鬧聲，又是那個身材瘦小穿著一襲褪了色藍灰唐衫中年婦人，柳眉倒豎對著一個衣冠不整的壯漢大聲喊道：「你吐痰，罰五毛。」

「我沒吐。」

「哼，你吐痰。」

「吐在哪裏？你說。」

「喏，那就是。」她神氣十足的左手插腰，右手指著地上。

「媽的，你可看清楚，痰在四方，又怎能證明哪些是我吐的？」

「別多講話，反正你吐了就是，罰錢。」

「罰甚麼錢，你胡說八道。」壯漢大叫著。

「不注重公共衛生，你是狗！」中年婦人破口罵道。

「要錢不要臉，你才是狗！」激怒的壯漢也不甘示弱。

大概意會到這場爭執是輸定了，中年婦人最後是回身一轉匆匆離去。看熱鬧的人群中響起了一陣熱烈的鼓掌與嘻笑聲。

從紹興倦遊返杭州已是近黃昏，當我們踩著夕陽餘暉經過浙江美術學院，信步行至湖濱路口，很意外的，又看到那中年婦人。祇見她左手插腰威風凜凜地指著站於她面前的一個小姑娘，大聲喊道：「你吐痰，罰五毛。」

「我沒有。」一身純樸的打扮和一臉茫然的表情，使人不難猜想她應該是來自鄉下。

「你吐痰。」

「我沒有。」顫抖的聲音顯示她的膽怯。

「明明吐痰，還死不承認，罰錢。」

路邊閃出一個肥胖的大娘隨聲附和著：「同志啊，吐痰是應該受罰的。」

「真的，我沒有呀。」

「五毛錢不願受罰，待會兒罰你五塊錢。」大娘恐嚇的說。

一聽到罰五塊錢，小姑娘就像觸了電似的愕住，然後從腰間掏出五毛錢，恭恭敬敬地遞給那中年婦人。接過了錢，中年婦人喜溢眉梢偕同幫腔的大娘掉頭朝華僑賓館闊步走去。這時，我看到她臂上戴條紅臂章，寫著：「衛生局清潔檢查員。」

遨遊紹興訪古蹟

紹興位於浙江省會稽山，是我國歷史上著名的文化城。相傳在四千餘年前，大禹為治水兩次親躬紹興，後來會諸侯於江南，計功而崩，葬於山下，因此名為會稽。春秋戰國時代，越王勾踐建都於此，臥薪嘗膽，故又稱越地。秦時改名山陰，南宋建炎四年（一一三〇）再改為紹興。紹興地靈人傑，人才輩出，其中政治家，軍事家，思想家，革命家，文學家，藝術家，有專文記載者即達三百餘人，最顯著的如：勾踐、范蠡、文種、西施、項羽、王羲之、王獻之、陸游、王冕、王守仁、徐渭、蔡元培、徐錫麟、秋瑾、周恩來、魯迅、孫伏園、朱自清等都是我國歷史上傑出的人物。

第一次訪問紹興，原本計劃上午十時到達晚上即回杭州，但最後一班公車是下午三時許，實際上在那裏只有四小時的逗留。遊紹興，起初只想參觀魯迅紀念館，在詳細閱讀了旅遊指南和有關資料，發覺值得一遊的名勝古蹟真不少，惟以行李留在杭州旅館事先未曾交代，不得不在參觀了魯迅紀念館、三昧書屋和咸亨酒店後便趕到車站。

魯迅紀念館是五十年代建於都昌坊路，館內陳列無數珍貴的照片、手跡、信札與著作。魯迅生於一八八一年，逝於一九三六年。十二歲被送至三昧書屋從壽鏡吾讀書，前後五年，是他少年時代求學時間最長，思想上受影響最深的一個地方。三昧書屋位於都昌坊路十一號魯迅紀念館斜對面，這距今已逾一世紀的私塾，它的房子、椅桌、匾額、對聯，都保留得相當完整。書屋中有八仙桌和高背椅，是他老師壽鏡吾所用，魯迅的座位在背後右側。魯迅於三昧書屋唸四書、五經、唐詩，也讀儒林外史、紅樓夢、三國演義。據說，他為專心讀書在桌上貼著「君子自重」的條子，希望同學不要干擾他的課業。

咸亨酒店在魯迅路，事實上它和都昌坊路是同一條街，中間隔了新建南路，它是「阿Q正傳」與「孔乙己」活動的場所，是以凡讀過魯迅的作品，對咸亨酒店總會有深刻的印象。咸亨酒店於一九八一年重新開業，當街曲尺形櫃台邊高懸「小店名氣大，老酒醉人多」的對聯，中書：「上大人孔乙己高朋滿座，化三千七十士玉壺生香。」堂內有十幾張桌，四周一律長板凳，保持原有的風貌。由於時間有限，在咸亨酒店用了午餐，喝了一小碗紹興酒，喫了一大碟茴香豆便即趕回杭州。在杭州過了一夜，又二遊紹興，這次主要目的地是越王殿、沈園、青籐書屋，秋瑾故居與蘭亭。

越王殿位於府山公園東門南麓近府山橫街，據傳它是二千四百餘年前越王勾踐的宮殿。

春秋戰國時代，諸侯爭雄，越王勾踐兵敗於吳國。他決心復國，臥薪嘗膽，經過「十年生聚、十年教訓」，終於一舉滅吳，而成為威震東南的一代霸王。越王殿自唐宋以來即為紹興府治所在，宋高宗南度後，也以此為行宮。越王殿正中供越王勾踐、大夫范蠡及文種畫像。左右對聯：「生聚教訓功垂於越，臥薪嘗膽志切沼吳」。中間橫匾「於越江上」。

沈園在紹興城東南洋河弄，近魯迅紀念館，它原為沈氏舊業，一九八七年重建一一・八畝園地，園東雙桂堂內有陸游紀念館，陳列陸游詩作、畫幅、拓片，這些文物反映陸游一生輝煌的成就。園中有高台建築「孤鶴軒」，氣勢不凡。軒前「宋井亭」與「俯仰亭」內豎重建碑記，其側斷垣間有「釵頭鳳」詞牌刻，軒後「冷翠亭」臨水而築，石橋、綠樹、亭榭、相映成趣。

陸游（一一二五～一二一〇年），號放翁，是南宋愛國詩人。紹興二十三年（一一五三）應禮部試第一，秦檜孫秦塤居二，秦檜大怒，將主考官及陸游貶黜。檜死後，孝宗賜進士出身，先後任職建康、隆興、蜀州等府，官至寶音閣待制致仕。晚年隱居家鄉，流傳慷慨激昂、雄渾豪放詩詞作品九千餘首。陸游生長於十二世紀，正處於宋金戰爭持續近一百年的動亂時代，高宗趙構是只求苟安，不恤國計的庸夫。當政者秦檜、湯思退、賈似道等又都是禍國殃民的奸臣，然而，這時期卻也出現了不少熱愛國家的如岳飛、宗澤、韓世忠、李綱、文天祥、張世杰等民族英雄。陸游的作品就是產生於這時代，因此，他的悲哀痛苦也正和這動亂時代息息相關。陸游初婚唐琬，為母所逼而仳離。紹興二十五年（一一五五），二人在沈園相遇，此時陸已另娶，唐亦改嫁。意外的邂逅，使陸游感慨萬千，因而在園壁題「釵頭鳳」詞一闋：

紅酥手，黃縢酒，滿城春色宮牆柳。
東風惡，歡情薄，一懷愁緒，幾年離索。
錯！錯！錯！

春如舊，人空瘦，淚痕紅浥鮫綃透。
桃花落，閒池閣，山盟雖在，錦書難托。
莫！莫！莫！

沈園就是因陸游這首「釵頭鳳」而負盛名。

青藤書屋是徐渭（字文長，一五二一～一五九三年）故居，位於紹興前觀巷。徐渭自出世到二十歲中秀才，一直住在這裏，對它的一木一草，一池一籐都有深厚的感情，後來雖「十度移家」，卻始終念念不忘這「庭園雖小，清幽不俗」的故居。

徐渭是明代著名文學家，書畫家，在文學創作上他反對擬古，主張抒發真實情感。書法長行草書，他的水墨花鳥獨樹一格。

秋瑾（一八七五～一九〇七年），辛亥革命偉大的女俠。發起組織中國婦女界最早的愛國團體「共愛會」，創辦「白話報」鼓吹革命。早年由徐錫麟介紹入光復會，在黃興推荐下會見孫中山，參加同盟會，並被舉為浙江主盟人。一九〇七年從日本返國，主持大通學堂，為革命培養軍事人材。後與徐錫麟準備起義，大通學堂被清兵包圍，她臨危不懼，沉著抵抗，終因寡不敵眾被捕。在敵人酷刑下，奮筆寫了「秋風秋雨愁煞人」七個大字，英勇就義。

秋瑾不但是革命家，同時也是一位才華洋溢的詩人、作家，流傳二百餘首感情豐富的詩詞和無數充滿愛國情懷的論文。因此，在她殉國將近一世紀，仍然獲得後人崇高的敬意和熱烈的讚揚。

秋瑾墓建於杭州西湖西冷橋畔，花崗石白玉雕像高一一·五公尺。基座正面上款刻孫中山手筆「鑒湖女俠千古」，正中「巾幗英雄」，下款「孫文」。秋瑾故居位於紹興塔山西南麓的和暢堂，紀念碑豎於解放北路與南路交叉處近府山橫街，風雨亭則建於府山公園。秋瑾故居是她少年時讀書習字練拳舞劍和從事革命活動的地方，因此，留下不少文物史跡。

蘭亭位於紹興城外西南十四公里的蘭渚山下，在永和九年（三五三）即距今一千六百餘年的暮春時分，王羲之（三二一～三七九年）偕同兒子獻之與友人謝安、孫綽等四十一位名士在此雅集修禊，寫下了被譽為「天下第一行書」的「蘭亭序」。「蘭亭序」記述當時修禊的情況，它抒發志趣，文辭雅致，而為後世所傳誦。王羲之「蘭亭序」兼具行、草、正書各體，流暢優美，是留傳千古的不朽之作。

蘭亭重修於一九八〇年，園中茂林修竹，幽雅清靜。鵝池畔有一個亭子，中立「鵝池」石碑，下書：「王羲之愛鵝，晉書本傳記載說：山陰有一道士，好養鵝，羲之往觀焉，意甚悅，固求市之。道士云：『為寫道德經，當舉群鵝贈爾。』羲之欣然命畢，籠鵝而歸，甚以為樂。『鵝池』兩字，相傳為羲之及獻之手筆，故肥瘦有別。」過了鵝池是康熙書「蘭亭」碑，流觴亭後有御碑亭，亭西有王右軍祠，祠中正殿供王羲之畫像，左右兩壁懸掛著「蘭亭序」，殿前是墨華池，荷花盛開，西廊牆上嵌唐宋書法家臨摹蘭亭序碑刻十幾種。

王羲之，東晉人。出身貴族，個性坦率，不拘禮節。歷任寧遠將軍、右將軍，會稽內史，世稱王右軍。

第二次訪紹興住了三天，能參觀到這些名勝古跡，真是人生一大樂事。紹興歷史悠久，是一個文化古都，然而，我所到過的這些地方，除蘭亭有三數國內遊客，餘者總是空無一人。想不到，這些珍貴的文化史跡，對一般觀光旅客竟然是一點吸引力也沒有。

一九九一年回鄉與妹夫徐振忠及愛瓊遊以「奇秀甲東南」聞名的武夷山。武夷山位於福建省崇安縣，風景區約長七・五公里，縈迴山中的九曲灣，山水疊秀，流雲變幻，如入仙境。武夷山不僅風光動人，歷史悠久，至今，在人跡罕至的絕壁上，仍存有遠古先民遺下的「船棺」。在群芳幽隱處，還保存宋代朱熹創建的紫陽書院。

朱熹是宋代一位精思、明辨、博學的理學家，著作多達七十餘部。在中國歷史上，前古有孔子，近古有朱子。孔子集前古學術思想之大成，開創儒學，成為中國文化傳統中一主要的骨幹。

朱子崛起南宋，集北宋以來理學之大成，亦可謂是集孔子以下學術思想之大成。

一九九二年九月，隨陳永栽、邱秀敏夫婦偕諸友好二上黃山，重遊杭州，然後到北京參觀故宮。故宮金碧輝煌，殿宇重重，巍峨莊嚴，它是帝王權勢的象徵，頤和園移用海軍費用一千五百兩白銀建造，卻造了一艘石船以塘塞眾議。天壇是明清皇帝祭天祈豐收的地方。十三陵是明代三個皇帝的陵墓。到北京，遊萬里長城和憑吊蘆溝橋留下的印象最深刻。此外遊少林寺，鄭州，開封，洛陽，龍門石窟，千島湖，海南島和上海前後半個月。

情牽鷺島

一九九四年過後，我直至一九九八年四月四日才又返廈門。此次回鄉，主要的任務是為逝世五十二周年的父親拾靈骨火化。

「清明時節雨紛紛」，四月五日通常是下著雨，這天卻陽光普照，春風澹蕩。清早與振忠帶著三個工友乘車到父親墓園。距上次掃幕相隔已經四年，四年沒回鄉，主要的是因為三妹原有住宅被拆，新建公寓尚未完工，要寄宿旅社，每日來訪不便，住在家裏又平添了他們的麻煩。而且，這四年中幾次到北京、上海、廣州，廈門也就未能像以前那麼常來了。

父親的墳墓是在祥店社以前我們家後的布袋山上。布袋山那一片片的田園，一叢叢的松樹，都是祖先留下的產業，年來廈門湖里特區迅速發展，江頭社原有古老的農舍早已全部拆除，現在是高樓大廈林立。祥店社與布袋山之間又開闢了一條超級公路，路旁工廠相繼設立，布袋山大半已闢為平地，與父親的墳墓相距不到廿公尺，不提早拾骨，恐難保存。就為了這緣故，母親去年十一月由美國芝加哥回鄉後到馬尼拉，我們就決定今年清明節拾骨火化。

布袋山一帶野草叢生，寸步難移，若不是振忠帶路，披荊斬棘，實在無法找到墓園。在父親墓前點香燒梵紙，哀思一番，九時過後，工友開始鋤草掘土。不到半小時，掘了一個模約廿英寸的小洞，挖出了一塊靈柩殘片。然後，由近墓碑處先後挖出脛骨、股骨、骼骨、尺骨、肩胛骨、最後是腦顱，腦顱後面的枕骨及正面自額骨以下眉弓、眼眶，鼻骨、頜骨、至頦結節都完整無損，而頜骨牙具上邊一個、下邊兩個金牙齒，我一看就認得出來。面對著父親的軀幹靈骨，睹物思人，依稀看到他生前的形象。望風懷想，我以竭誠的心，恭恭敬敬地向父親三鞠躬，拍照留念後，振忠通知工友把墓土重新蓋好。任務完成看看手錶是十時正，工作過程前後剛好一小時。

火化場所是在天馬山，距廈門市有十幾公里之遙，因為經常有屍滿之患，須等上三數天，我吩咐振忠要盡量想法爭取時間求得方便。六日清早，母親從美國掛來電話，聽到我的報告後，在電話中數次泣不成聲。她最關心的是何時火化，我回答道，正在等候天馬山的消息。就在她掛斷電話，天馬山通知立刻前往辦理火化手續。

我、振忠和三妹提著一袋靈骨坐車趕至天馬山，在火化場看到每隔十數分鐘便有喪家運來用藍布包紮著的屍體。我還是吩咐要盡量設法求得方便，終於不到一小時光景父親的靈骨已火化。在那裏選購了一個白玉靈甕，把骨灰裝滿，便送到湖里南山，靈甕安置於二樓二七七號靈堂，終於為父親尋得了一個真正可以永久安息的地方，了卻一個心願。

自從一九四六年父親逝世後，為了不願引起母親的傷感，數十年來，我從不曾在她面前提起父親。一九六八年，有一個晚上我突然夢見父親，他神情頹喪，好像是有什麼隱衷，欲言還止。醒後我立即寫信給廈門三妹，要她到墓園去看看，結果發現因附近駐兵練靶，墓碑被子彈毀了一角，我匯款囑三妹另製一個墓碑，這件事我也沒有向母親說起。一九八九年我在父親墓前拍照，也沒有給她知道。一直至一九九四年，母親、妹妹德蘋和我回鄉，她才又看到父親的墳墓。她臉對著這久違將近五十年的墓碑，百感交集，驀然掉頭，遙望茫茫天際，好似深切的懷念之情油然而生。輕抹雙頰的淚水，對著我說：「將來有一天我走了，火化後要埋葬在你父親旁邊。」事實上，她不必吩咐我也會這樣做的，「在天願為比翼鳥，在地願為連理枝。」我理解她對父親那種至死不渝的深情。四月六日，我在南山父親旁邊為母親另訂了一個靈座。母親雖已年近古稀，滿頭銀絲，然而以她在美國的生活方式，體力逐漸強壯，在她心靈主的保佑下，相信必能健康常在，吉祥如意。

有件事應該在這裏補敘。那天臨別父親墓園，母親突然對我說：「你知道，當年你父親欺騙我。」這話使我深感意外。父親與母親相處前後只有四年，淪陷時期，雖是貧窮夫妻，卻魚水和諧，相敬如賓。父親絕不可能做出對不起母親的事。然而，在他逝世近半世紀後，母親還會這樣說，必定有其原因。後來，我終於想起：那是一九四一年我們逃難NOVALICHES。有一天，黃昏時節，母親（當時是林老師）和我坐在屋前田邊草地上閒聊。她忽然問我：「你父親今年幾歲？」我答說：「四十二歲。」她聽後好像若有所思。這時，父親正在窗口頻頻向我招手，我匆匆地跑進屋裏。「林老師跟你說些甚麼？」「她問我你今年幾歲。」「你怎樣回答？」「我說四十二歲。」「為甚麼說四十二歲？」「我記得你是一九〇〇年出世的，所以是四十二歲。」父親聽了這話顯得很不高興。過後我想，可能為了不願讓林老師知道實際的年齡，父親向她撒謊。因為，那年林老師才廿二歲。父親一片至誠，用心良苦，如果是欺騙的話，我認為那也是善意的欺騙。

家族典範

每次回鄉，只要時間允許我總會造訪生母素貞的外家禾山區嶺兜社探望諸族長。嶺兜社位於廈門港，是廈門市最接近金門的一個社鎮。一九五八年海峽兩岸砲轟，它所遭受的損失最慘重，聽說那時候社民都逃難他鄉，整個社鎮空無一人。

四月十二日上午，囑三妹掛電話給嶺兜社族長陳文章，通知他說我將專誠趨訪。到了他家，已有三位先輩在座。品茗閒談中，陳建通遞給我一份一九一〇年新加坡檳城出版的光華日報，正面有孫中山先生遺像及其墨寶「光被四表」四個大字。另團體照片一幀，中山先生坐於一排正中，舅父陳新政公於二排正中，並附舅父在檳城閱書報社演講「華僑革命史」全文。

陳文章帶領我們到祖廟，祖廟平時大門緊鎖，從側門內進便看到對面牆壁上高懸毛筆楷書「祖訓」，左邊掛著舅父新政公遺照與傳略。舅父逝於一九二四年，那是父親和母親結婚前幾年。我小時候見過他的兒子，我們都稱他「三哥」，他身材魁梧，外形臉貌都和舅父相似。

我知道舅父的史略，是七十年代無意中於「福建文獻」（一九六八年三月十日台灣出版）讀到的，全文如下：

> 陳新政，廈門禾山人，本名文圖，因清季參加革命同盟會乃署新政。體貌魁梧，精明能幹，十九歲南渡檳榔嶼佐父操舟，貲入漸豐，乃創寶成商號，轉輸土產，遂成殷商。彼愛國有大志，丙午，總理派員到檳城招攬會員，遂

毅然加盟。一九一〇年，孫中山、黃興等人聚於檳城，共商閩粵大計，會上孫中山慷慨陳詞，號召華僑捐款支持革命事業。陳新政接著演說，呼籲各界人士為武裝革命出錢出力。由於推行黨務，籌款助軍，廣州三二九之役及武昌起義，新政籌募款項，不遺餘力，計得十餘萬元，匯至香港，交閩粵兩省接濟義師。光復時回閩，省當局請其代表政府南渡募債，亦得鉅款以應。商餘則致力僑民教育，誘掖後賢，新政認為宣傳革命，發揚中華文化，非以報紙為喉舌不可，因此在創辦《光華日報》後，一九一四年又創辦《國民日報》，一九一六年在廈門出版《民鐘報》。陳新政發表了一系列慷慨激昂的文章，宣傳民主革命，受到殖民當局的注意。一九二一年，英海峽殖民地政府頒布華文學校註冊條例，意在限制華文教育的發展，陳新政在報上發表言論，反對殖民當局的限制，據理力爭，英當局以反抗條例罪名將新政逮捕遞解出境，雖經檳城華僑社團僑領以至新加坡陳嘉庚、林推遷等人出力呼援，皆告無效。

陳新政回到中國後，抱著為國效力的雄心，但眼見當時軍閥橫行，政治腐敗，經濟蕭條，認定時局無可救藥，不勝悲憤，復又南渡。

一九二二年林森出任福建省主席，電邀陳新政回閩為國效勞，他應命抵榕，耳聞目睹軍閥混戰，貪污成風的腐敗政治，大失所望，拒不同污，於是又出洋到暹羅（即今泰國）佛頭廊，經營稻米加工業。一九二四年九月十五日逝世，年僅四十四歲。檳城與廈門均開會追悼，國府定都南京，曾明令褒卹云。

這篇傳記與祖廟所書大體上相同。

舅父追隨孫中山先生獻身革命工作，受到嶺兜社民一致的景仰，被譽為是家族典範。

湖里滄桑

一九四七年父親出殯後，我再返廈門已是一九八九年，因急於上黃山作畫，只小住數日。那時，三妹的家是舊式農舍，衛生設備及水電均甚不方便，主房裏一張木板床睡時感到不很舒服。我原是住於旅社，有一次三妹對我說：「哥哥，你住旅社一天的租金，就等於我一個月的薪水。」這句話雖是開玩笑，卻使我有很大的感觸。我想：是親兄妹，她生活的地方，我也應該可以適應。因此，在與外甥永輝遊了黃山，杭州，紹興後，回到廈門我便住在三妹家裏。

第二次回鄉三妹已擁有一幢二樓的洋房，在湖里區徐厝社也可以說是相當可觀的了。那幾年，我除了隨友人旅遊寄宿假日旅社，否則，都住在三妹家裏。一九九五年二樓洋房拆除，分配到三個單位的公寓，每單位約一百廿餘平方公尺。其中二個位於一樓的出租，另一個在六樓的自己住用。樓高雙面窗戶，空氣流通，室內裝修雅觀，客廳裏三十四寸電視機，高級的KARAOKE設備，一家大小都唱得有相當水準。

三妹是一九三六年八月十二日出世，母親往生後，她隨大姐返祥店社居住。十三歲時，大姐到外地工作，她與祖母相依為命。祖母雖然略有積蓄，卻沒有給這失去父母呵護的小孫女生活過得平靜，每日她總要上山拾地瓜根與野草充飢。一九四六年父親回國調養，她開始有飯吃也繼續上學，這種好光景只有短短地幾個月，父親去世她便又輟學。一九四七年我回鄉，勸說祖母給她唸書，她才又進了學校。翌年祖母病重，她再次輟學，計算起來小學她只讀了二年半。

童年時代，三妹是受盡折磨生活痛苦，然而，現在她卻有著一個美滿的家庭；體貼的丈夫，孝順的兒女媳婦和聰穎的第三代。最難得的是家裏每個成員都有一分適意的工作，而二個公寓單位出租是額外收入，這些足以使他們一家過著舒適的生活。在廈門蔬菜一斤人民幣二、三元；豬肉、牛肉、雞肉，一斤六至八元。平時進餐，推了滿桌八九道菜餚，三妹有時笑著說：計算起來也只花了幾十元而已。雖然並非富有，但，人生能達到這種境界，還能有什麼要求？我告訴三妹說：「你也應該為自己能有今日這樣幸福的家庭而感到滿足。」

廈門晚報記者何紅英一九九五年九月十七日發表了一篇題為〈四十年的臨時工〉介紹三妹：

> 王德英，五歲失母，十歲喪父，大姐和奶奶把她撫養成人的。姐姐曾經發誓，再苦再累也要讓妹妹讀到大學。但就在十九歲初中畢業那年，剛參加護士學校考試的王德英，瞞著姐姐奔赴鷹廈鐵路支援建設。艱苦的工作環境，使原本虛弱的她很快就病倒了，領導告訴她，如果身體真受不了，可以送她回家繼續讀書，或者到其他部門服務，德英總是不肯。在鷹廈鐵路工作告一段落後，王德英到三明當教師。一九五八年回廈門湖里區徐厝社在家中辦起小學，半天在家裏上課，半天到村里學校執教，來回奔波，還兼做會計。當時公社籌辦醫院，擬調她去服務，但為村民所挽留，繼續她的教書工作。一九八一年湖里工業區開始發展，領導調她到湖里商場任櫃台長，一九九〇年又調到徐厝居委會，直到現在前後四十年，她總是擔任臨時工，沒

有轉正。然而，她卻始終忠於自己的職守，熱心於自己的工作。

這就是王德英，一個平平凡凡的人，過著真真實實的生活。

金陵遊蹤

一九九八年四月十四日，到南京這被譽為有千年歷史的文化古城，目的在於訪夫子廟，遊秦淮河和謁中山陵。事實上，這是很早就有了的意願，想不到卻是在遨遊了中國大陸不少名勝古蹟後才得以實現。說人與人相處是締結因緣，能夠在一個地方留下蹤跡，同樣的也是一種機緣。佛家說：「飛花墜葉之中，可作因緣觀」，該就是這個意思？

下午八時許由廈門搭機抵達南京祿口機場。祿口機場甫於最近落成，與廈門國際機場同樣的大得令人感到寂靜。當我提著行李走出關門，乘了將近一小時的計程車才到玄武飯店。雖是車馬勞頓，躺在舒適的床上卻難以入眠，只好看電視排遣寂寞的心情。在家的時候，若不作畫便是讀書寫字，畫室裏的電視雖設而常關，偶爾也只用以聽音樂錄影帶，電視娛樂節目未嘗看過一次，為的是不願浪費時間。然而，出國旅遊情況就不一樣。有時候，閒來無事，又懶得外出，在旅社裏看電視反而是種愜意的享受。

近年來，數次到北京，很常無意中在電視收看到日本歌唱節目，總為那精彩動人的演唱所吸引。這一夜，在玄武飯店依舊很幸運地看到日本歌唱節目，演唱的歌星不少已是中年，有的甚至其貌不揚，然而，她們美妙的歌聲，清脆嘹亮，響遏行雲，表情姿態也不同流俗。看其中幾位表演的技巧，使我不禁想起鄧麗君，她早年在中央飯店駐唱成績並不可觀，是在日本經過嚴格訓練後才漸臻佳境。八〇年代於台北國父紀念館舉行演唱會可說是藝術生涯的最高峰，她對自己的要求是每一闋歌曲，每一段歌詞，每一個聲調，都要表現得感心動耳，迴腸盪氣，可見她的成功絕非倖致。

南京的初春，通常有一半的日子是下雨。據說，今年三月還滿天風雲，四月初猶是春寒料峭。但，我前後住了五天，卻天朗氣清，惠風和暢，氣候在廿度左右，相當涼爽。十五日上午，參觀玄武飯店對面江蘇展覽館後，便乘車到新華書店。新華書店位於中山東路，它的面積至少有廈門新華書店四倍大，一樓文學及其他書籍，二樓前段約佔五分之一是茶藝館，後段右邊是文具、畫具，左邊書籍有科技、歷史、地理、音樂、影劇、書法、攝影、體育等，而數量種類最多，同時也是我最感興趣的是美術理論書籍與畫冊。於書廚無意中發現了台北藝術圖書公司為我出版的《嶺南畫派》，售價每本人民幣貳百元，相當不便宜。在書攤前翻閱畫冊，選擇我所想買的，一直站到中午十二時。為爭取時間，在茶藝館沏一壺菊花茶，以糕餅充饑，便又趕到書攤尋書，下午四時才提著幾大袋書籍和畫紙心滿意足地走出新華書店大門。

在新華書店購到畫冊，真是如獲至寶。書店裏顧客多，收款還是傳統方式，買書先由服務生登記，到收款台付錢蓋章，再回來領書。手續繁多，較之目下一般百貨公司新式收銀機，顯得極為落伍。而二個女櫃台長儀態威嚴，令人望而生畏，在蓋章後總是把收據用力向顧客臉前一擲，生長於大陸的人對此種現象習以為常，好像公認「貴」為櫃台長就應該要有這種威儀。可是，對於來自海外的顧客卻可能引為是種莫大的侮辱。

南京因為三國的東吳、東晉，南朝的宋、齊、梁、陳、五代的南唐，明、太平天國，辛亥革命後的中華民國曾建都於此，故稱「十朝都會」。與西安、開封、洛陽、北京、杭州並稱六大古都，由於歷史淵源，在這裏留下無數的文物古蹟。

南京城南夫子廟是文人薈萃的地方，廟前豎立板木牌坊一座，上題「天下文樞」。夫子廟是供奉祭祀孔夫子的廟宇，始建於宋景祐之年（一〇三四）。一九八四年復建，門內雙邊牆壁刻有「孔子問禮記」及一九九二年十一月「重修南京夫子廟記」。大成殿前矗立孔子像一尊，可能是因為迎接春節，懸燈結彩，庭間陳列紙人，紙燈、假山與紙老虎，俗氣十足。和氣勢壯觀，幽雅肅穆的大成殿形成強烈的對照。

夫子廟地區一帶，店鋪林立，經營古玩玉器、文房四寶、金石書畫、五花八門，而最引起一般旅客興趣的卻是雨花石。又圓又薄的一小片，放在盛滿清水的白色碟子，便顯出一幅奇幻的抽象畫，正如蘇東坡所說的：「天成幻出，思議不及。」一塊小石片，竟然是無物不存，無色不顯，無景不呈。據說秦淮河雨花石集市，早在明末姜二酉的「靈岩子石記」中便有記載，一般愛石的人，尋石如尋寶，更說：「身在金陵何所得，近水樓台先得石。」我於每個店鋪仔細玩味，最後是買了一包又一包的雨花石。

過了秦淮河，來到李香君故居媚香樓。李香君是明末秦淮歌妓，其父原為忠臣武將，後來被奸臣陷害，家境逐漸衰落。香君給名妓李貞麗收為養女，從此墜入青樓。十三歲開始學藝，精通音律，對繪畫書法造詣深湛。一六四四明朝結束，逃亡中的朱由崧被擁為皇帝，建立南明政權卻終日沉緬酒色。清軍揮兵南下，朝庭割地求和，因而引起被號為「四公子」的侯朝宗、吳應箕、陳定生、冒辟疆聯合一四〇名考生寫下「留都防亂揭貼」討伐閹黨罪行。那年，香君十六歲，結識了侯朝宗，深為愛慕。侯朝宗亦為她的花容月貌，多才多藝所傾倒，倆人於媚香樓成婚。一年後，朝宗避亂離開南京，臨別時香君為他唱了一闕「琵琶行」，揮淚送別至桃葉渡。清軍攻陷南京，香君為保存名節避居栖霞山葆貞庵，一六五三年病逝。孔尚任以這感人肺腑的愛情故事寫成「桃花扇」流傳後世。

媚香樓在秦淮河南端，是三進兩院式的宅院，大門左邊庭院有李香君塑像，園林小景，書法楹聯，前院展覽大廳有李香君所處時代歷史圖片，桃花扇劇照及其他有關資料，拾級扶梯上樓是琴房、客廳、書房、臥室。琴房中陳古琴一座，旁書：「香君擅長彈奏琵琶，演唱「牡丹亭」等，豔名驚白下，每於此演奏時，歌喉婉轉，令人叫絕。高山流水，終遇知音，經張溥介紹，結識了侯朝宗。」客廳，書房中懸名人書畫，臥室佈置幽雅。

出了媚香樓，信步走進烏衣巷。唐代詩人劉禹錫懷古名篇「烏衣巷」詩：「朱雀橋邊野草花？烏衣巷口夕陽斜。舊時王謝堂前燕，飛入尋常百姓家。」這首膾炙人口千古傳誦的名作，使烏衣巷與朱雀橋聞名於世。

烏衣巷是晉時王導、謝安大家族的高門宅府之地，那時候，王、謝是晉相之家，賢才眾多，兩家弟子裙履風流，身上都穿烏衣（黑衣），是以人們便把這裏叫做「烏衣巷」，其實，早在東吳時，烏衣巷是禁衛軍中的烏衣營所在地，營里士兵皆著黑色制服，已有千餘年歷史，是南京罕見的著名古巷。

午後回玄武飯店，翻閱朱自清〈槳聲燈影裏的秦淮河〉，這篇文章早年在初中課本讀過，當時總覺得內容過於沉悶，其中描寫歌妓部分佔了五分之三，文筆沒有〈背影〉的引人入勝。但是，無論如何卻是因它才使我對秦淮河有種深厚的感情。朱自清與俞平伯遊秦淮河是在「一九二三年八月的一晚」，倆人以同一題目寫了一篇記遊，各有千秋。當我在歷經半世紀後，再閱讀這兩篇文章，突然興起了「秦淮夜泛」的情趣。

在夫子廟附近永和園享受了秦淮風味，為領略「十里秦淮，六代豪華」的餘韻，我到秦淮河畔，登上畫舫。朱自清說：「秦淮河的船，比北京萬生園，頤和園的船好，比西湖的船好，比楊州瘦西湖的船也好。這幾處的船不是覺著笨，就是覺著簡陋，局促。」北京萬生園、頤和園和楊州瘦西湖的船我都沒注意過，至於西湖的船比較起來也大同小異。朱自清此文是作於距今七十餘年前，滄海桑田，一切自是大有改變。不過，我所感到的是，畫舫在河中蕩漾，除了滿足旅客的好奇心外，對這槳聲燈影裏的秦淮河，實在沒有感到一點詩情畫意。

服務小姐站在船首，臉對著遊客如背唸課文般毫無表情的指著左右兩邊景色作簡略介紹。畫舫由夫子廟前啟程，抵文德橋掉頭經朱雀橋到了文源橋，便又停在原來的堤岸，全程來回不及一千公尺，畫舫慢慢地擺動大約只有半小時光景，實在也沒有什麼可以介紹的。

中山陵位於南京鍾山，崇山峻嶺，景色獨特。三國時代諸葛亮曾贊嘆說：「鍾山龍蟠，石頭虎踞，此乃帝王之宅也。」孫中山先生在一九一二年三月十日登鍾山，站在中山陵的位置上眺望山川城市，日月風雲盡收眼底，笑著對左右說：「待我他日辭世後，願向國民乞此一壞土，以安置軀殼爾。」可見他是對此情有獨鍾。

少年時，在國文課本讀到中山陵，但對鍾山真正有印象的卻是來自「鍾山春」歌詞：「巍巍的鍾山，巍巍的鍾山，龍蟠虎踞石頭城，龍蟠虎踞石頭城。啊，畫梁上呢喃的乳燕，柳蔭中穿梭的流鶯，一片煙漫，無邊的風景，裝點出江南新春，裝點出江南新春。」這闕歌的詞與曲都出自金玉谷手筆，流行至今半世紀，還是受到一般資深歌唱者的愛好。

鍾山最高峰海拔四四八公尺，它的形象如一條巨龍蜿蜒於南京東南面。中山陵是鍾山重要的景點，它前臨蒼茫平川，後踞巍峨碧嶂，在設計上是融合東西方建築的精華，氣象雄偉。它自一九二六年一月動工，二九年六月國民政府舉行隆重的靈柩奉安大典，一九三一年周圍其他附屬建築也陸續完成。

中山陵墓道入口處以花崗石建成，高十一公尺，寬十七公尺，牌坊正中橫楣石額上鐫刻孫中山先生手書「博愛」二字，從博愛坊開始，順山勢平舖直上，到達陵門。陵門高十六・六公尺，深八・八公尺，寬廿七公尺，三個拱門，南面中門上方石額刻有孫中山先生「天下為公」四個金字。中山陵碑亭是一座方形建築，高十七公尺，寬十二公尺，全部以花崗石築成。亭中墓碑高八・一公尺，寬四公尺，碑文「中國國民黨葬總理孫先生於此，中華民國十八年六月一日。」碑帽彩雲朵朵，碑座巨浪層層，象徵孫中山先生的豐功偉蹟，比天高海深。三九二級石階分為十段，祭堂是主體，門框額枋上分別刻著孫中山先生所創立三民主義的「民族」、「民生」、「民權」。

祭堂中央供奉孫中山先生白玉石像，後壁中央有兩墓門通往墓室。大門額上鐫刻「浩氣長存」，內門刻「孫中山先生之墓」，靈柩上面安置孫中山先生身著中山裝白色大理石臥像，栩栩如生，彌補了謁墓者未能瞻仰遺容的缺憾。

走下中山陵石階，搭計程車經明孝陵至總統府舊址。參觀孫中山先生任臨時大總統辦公室和他生平的活動照片。

在南京前後五天，訪夫子廟，遊秦淮河，謁中山陵，對這「江山佳麗地，金陵帝王州」留下永不磨滅的印象。

四月十九日飛香港探望姐夫林奕如和大姐德蕙。大姐告以住於美國的外甥天偉訂廿八日回港省親，要我留下會他一面。天偉排行第三，老大天行，老二天健。小女兒逸心一九八三年與鍾福安結婚，婚後定居菲律賓三寶顏。大姐早年於福州任職，靠微薄的薪水辛辛苦苦把四個兒女撫養成人，而且事業有成。天偉一九八四年畢業廈門大學，學業成績優越，獲獎學金留學加拿大，先後得生物學碩士、博士學位，現任美國大學副教授。我在香港十天，這彈丸小島沒有什麼好去處，平時逛書店與百貨公司，晚上便租了幾部中國大陸精彩錄影帶在家裏靜靜地欣賞。

一九八九至一九九八年，九年中三妹遷居三次，每次都有更好的環境。而愛敏、愛瓊亦擁有自己的新公寓。中國大陸人們生活的改善，以及科學、教育、軍事、經濟、建設各方面的迅速發展，與我首次回鄉時的情景真有天淵之別，這種現象令人欣喜。

美國第卅七屆總統尼克森（PRESIDENT RICHARD M. NIXON）在所著「THE REAL WAR」（一九八〇年出版）第六章中說：「現在，中國在覺醒，不久她將會震撼世界。自遠古以來，奇異的，神秘的，迷人的中國就挑起了西方人的幻想。然而，甚至於一百五十年前有先見之明的托克維爾（TOCQUEVILLE）預言美國和俄國要成為相互爭霸的兩個世界大國，也未能預見到二十世紀的最後幾十年裏，能夠左右世界均勢的並可為二十一世紀地球上最強大的國家，將是中國」。當過國務卿的基辛格亦說：「中國將是二十一世紀世界上最強大的國家。」現在事實證明，這兩位美國當年政壇風雲人物確實是真知灼見。

電台訪談

一九九二年，為籌備誠品藝文空間個展，我於十月下旬到台北。十一月初於台灣電視公司趙寧，王瑞玲所主持「強棒出擊」節目中談畫，並接受台北市政府廣播電台陳鴻及中國時報景翔在台北警察廣播電台訪問：

陳：王先生熱愛荷花，請問到底是為了她的色彩形態，還是為了她聖潔的性格？

王：愛她的色彩形態，也愛她聖潔的性格和那淡淡的荷香，淡淡的哀愁。

陳：荷花的確是很迷人，可能中國人對她的感情特別深厚，所以，中國畫家畫荷花表現得比較外國畫家深刻。

王：我想，你這種觀點應該是相當正確的。一個畫家對任何一種題材要表現得盡善盡美，必定要親近她、了解她，才能真正體悟到她的內涵。西洋二十世紀大畫家克利（PAUL KLEE 1879-1940）嘗說：「畫法到精極處，可能通神妙，意趣高深出於形象之外。」中國明代名家徐渭也說：「畫到神情飄沒處，更無真神有真魂。」「畫法到精極處」與「畫到神情飄沒處」，是指畫家表現手法的高超，表現手法包括技巧、思想、意念和情感。描繪世間萬物，若只能做到「像」而未能將「形」與「意」合一，「神」與「趣」冥會，「技」與「道」共冶一爐，那就難臻妙悟境界。古人說：「禪道在妙悟，詩道在妙悟。」人生也在妙悟，事實上，畫道更在妙悟。

陳：畫荷花，最要掌握的是什麼？

王：畫荷花最要掌握的是她的神態與色彩。所謂神態。是指神韻與形態，至於色彩，舉個例說，一孕荷花，普通人看是粉紅色，其實，遠看如此，近看未必如是。在粉紅色中，有的含有紫色，有的含藍色，綠色或黃色。不用單純的顏色，可能使她更多彩多姿，也更能突現出她的性格。

陳：欣賞您的荷花總感覺風格與其他畫家不同，是不是可以跟我們談談所以不同的原因？

王：一個畫家，教育、思想、個性、家庭背景與別人不同，畫出來的作品也應該是不同的。尤其是成熟的專業畫家，必然會有自己的風格。我雖然畫荷時間相當久長，但，還不敢說有何成就。所以與人不同，我想除了構圖色彩外，還有，就是表現技法。

陳：中國古代，就有不少畫家以荷花為題材。歷經數百年後又再畫她，是不是會使人覺得這題材已有點「古老」？

王：在中國繪畫，人物、山水、花卉是三種不同的題材。人物畫開始於石器時代的彩陶上，黃帝畫蚩尤像以弭蠢亂，這是美術史中有關人物畫最早的記載。山水畫則開始於晉代，人物畫與山水畫的產生都較花卉畫為早，現在仍然有很多畫家畫它而不覺得它「古老」。題材是作品的內容，它與形式是相對的名詞。在藝術創作上，說形式決定內容，或內容決定形式都無可厚非，因為，二者都同樣重要。形式是用來表現內容，內容卻是決定作品價值的重要因素。同樣的內容，透過不同的形式，表現的是不同的效果；同樣的題材，透過不同的技巧，表現的是不同的境界。因此，我認為，新的表現技巧，可以為「古老」的題材賦予新生命。記得在故宮博物院的一本畫集中，曾讀到這樣的一段理論：「繪畫所畫的不止於形，而是在追求一種意境，這意境是希望讓人忘卻現實的煩憂，而滿足其冥想神會。所以，雲山供養，有比真山真水，真花真鳥更為動人者即在此。」

陳：王先生早年除繪畫外，還學音樂，從事寫作。請問，這些是不是有共通性？音樂對繪畫有什麼幫助嗎？

王：每一闋音樂，是一首詩；每一首詩和每一闋音樂也都是一幅畫。正如文藝復興期大師米蓋蘭基羅所說：「好的繪畫，是節奏，也是音樂。」我平時作畫，沒有音樂，就好像缺少了什麼似的。在工作時欣賞音樂，已成為一種習慣。英國十九世紀有一位美學家說：「一切的藝術都欲要求達到音樂的狀態。」我很同意這種看法。

陳：霧裏看花，雲中看月，是一種朦朧的美。欣賞色彩清淡的荷花與欣賞朦朧的美，有同樣的感受。

王：在藝術創作上，有所謂朦朧的美。有人說：「凡是可以一目瞭然的物象，縱然不想看，也已看在眼裏了。」「一目瞭然」，便失去了美的內涵，沒有朦朧的美。王維詩：「江流天地外，山色有無中」，是一種氣氛，是一種境界。形態畢露便失去了「有無中」的美感。我認為最可愛，最動人的，是看來迷迷糊糊的事物。

陳：您從事繪畫工作已有很久長的歷史，請談談對於這方面的感受。

王：德國叔本華（ARTHUR SCHOPENHAUER 1788-1860）在成為舉世聞名的哲學大師之前，有二十年的時光走的是寂寂無聞的步子。比起他的境遇，我們實在幸運多了，雖然自己絕不敢與大師相提並論，更不敢奢望有「舉世聞名」的一日。達文西（L. DA VINCI 1452-1519）曾經對他的弟子說：「如果想成為一個藝術家，要牢記，必須開闊你的心胸，袪除你的煩惱，而專心於藝術，務使心平如鏡照見一切事物，一切色彩。」體會了這段話的意思，在藝術創作中所遭受的苦難，也將成為是尋常事了。

我有生以來從未曾慶祝自己的生日，最大的原因是自己在事業上一無所成，沒有什麼值得慶祝。法國有位畫家嘗說：「作畫要有耐心，並且要誠實工作，最難的是第一個六十年。換言之，要在六十歲以後才能得心應手，真正創作一些自己滿意的畫。」齊白石的風格是在六十歲後才逐漸形成，八十幾歲時每天早上要完成七、八幅畫，九十高齡每天至少要完成四、五幅畫。我年已七十，作畫還不敢說能完全「得心應手」，齊白石的精神實在可以作為借鑑。黃賓虹說：「不破萬卷，不行萬里，無以作文，即無以作畫也。」又說：「不讀萬卷書，不行萬里路，不求志趣修養之高，無以言境界，何談章法。」由此足證除了耐心與誠實工作外，勤讀書，對於一個畫家是非常重要的。我始終相信：「腹中有書氣自華」。

陳：聽說您三年中二上黃山，可證中國大陸聞名天下的三山五嶽您對黃山特別鍾愛。在您的作品中是怎樣表現黃山的？

王：一九八九年遊黃山，我寫了一幀素描，並題：「墨點無多淚點多，宋河仍是宋山河」，表達我初次上黃山的心境。我所企望表現黃山的是她的雄偉奇特。不過，我想還須經過一段漫長的時間磨練，才能真正有所收穫。我認為：欲傳山水之神，必先得其形，識其性：神寓於形而見於性。

陳：中國名家深受黃山影響，而且作品表現不平凡的大約有幾位？

王：中國名家深受黃山影響，而且作品表現最不平凡的有清代的石濤與現代的張大千。石濤不登黃山，無以成就日後的寫意風格。張大千不登黃山亦無以成就日後的潑墨山水。他們同樣的都經過「寫實」、「傳神」到「妙悟」的境界。這種事實證明一個畫家除了有偉大的心靈外，還要有高超的技巧，才能把深刻的思想和豐富的情感表達出來。要使一幅畫有其獨特性，畫家必須俱備敏銳的觀察力，而一幅成功的作品，必定要有明確表現的主題，豐富充實的內容，巧妙分配的色彩。變化無窮，多樣統一，匠心獨運的構圖和「絕似又絕不似」的形象，而且以音樂一般的韻律加以處理，「出新意於法度之中，寄妙理於豪放之外。」這種具有「弦外之音，味外之味」的畫，有耐人尋味的意趣與令人百看不厭的魅力。

陳：到黃山主要的繪畫對象就是山。在中國古代，對畫山是不是有些深奧的理論？

王：中國繪畫以山水為主流，因此，對山的描繪可以說是一種很高深的學問。宋・郭熙「林泉高致」說：「山以水為血脈，以草木為毛髮，以煙雲為神彩。故山得水而活，得草木而華，得煙雲而秀媚。」談到畫山，我記得一九八〇年六月，有一天我想到台灣中部寫生，臨行前掛電話給席德進。他說：「從埔里經魚池然後轉霧社上盧山。在那裏，你可以看到山的雄偉。」當我在埔里魚池消磨了一個上午，便趕到霧社，然後僱專車抵廬山。那正是中午時分，風和日麗，但，映現在眼前的層巒疊障，卻是平淡無奇，我失望之餘，未作久留，即遄返霧社。用完午膳，自忖席德進一再叮囑要遊盧山，必然有他的道理，於是又僱車再上盧山，到處遨遊一番，面對著那四周環抱的高山，還是看不出它的雄偉。突然間，我想起了郭熙所說的：「真山水之風雨，遠望可得，而近者玩習，不能究錯縱起止之勢。真山水之陰晴，遠望可盡，而近者拘狹，不能得明晦隱見之跡。」看山的錯縱起止，遠望可得，看山的明晦隱見，遠望可盡。二次上盧山看不出它的雄偉就是因為不是「遠望」。

陳：談到中國繪畫理論，我知道您在五十年代就發表了「中國山水畫論」於大中華日報連載一個多月。使我覺得非常驚訝的是，作為一位西洋畫畫家，您竟然對中國繪畫理論有這麼深入的研究。

王：關於這，記得八年前我第二次在台北舉行個展時，就有一位記者這樣問著，我引用古人的理論說：「繪事之要，非多師古人則不能知其源，非洞明沿革則不能盡其變：不能知其源而盡其變，則於繪事也不足觀已矣。」對古代有透澈的了解，才能真正懂得現在。我把中國山水畫分為七個時期，即：晉・山水畫的孕育時期。唐・山水畫的萌芽時期。五代・山水畫的成長時期。宋・山水畫的黃金時期。元・山水畫的寫意時期。明・山水畫的沒落時期。清・山水畫的仿古時期。這種分期法是我鑽研中國山水畫的結論。當然，我不敢說自己的論斷是絕對肯定的，也許只能作為研讀心得而已。不過，有一點必須提到的，「中國山水畫論」撰寫的目的，在於想把它的源流與演變作較有系統的闡述，並以現代畫人的眼光對部分古代名家予以新的評價。

「中國山水畫論」於六十年代重新增刪，陸續寄台北中華文化復興月刊、雄獅美術、中國書畫、幼獅月刊等雜誌發表。一九八二年，聯合日報竹苑副刊，一九九三年八月耕園週刊再予以轉載。

陳：您一九七四年七月於「雄獅美術」發表「中國藝術與馬」是中國有關「馬」的藝術作品一篇很有系統的評析。在文中您引用「漢書」：「天用莫如龍，地用莫如馬。」與明代尹耕詩：「威名萬里馬將軍，白首丹青天下聞，」而強調在中國古代，馬陪伴著英雄名將馳騁沙場，創下輝煌史蹟，赫赫奇功。是不是可以在這裏請談談您對歷代以馬為題材的藝術品及畫家的評價？

王：「中國藝術與馬」內容分為：漢畫象石、漢代石刻、昭陵六駿、鞍馬繪畫、唐代名家、宋元名家、清代畫家、潑墨畫馬等八章。在結論中我說：漢代畫象石及畫象磚馬的造型昂首挺胸，神采飛動，線條遒勁，雄姿駿逸，極富想像力。霍去病墓前石刻，大氣磅礴，揮札古拙，巧奪天工，表現大漢威武精神，令人嘆為觀止。是我國藝術冠絕古今，光芒萬丈的偉大創作，時至今日，與世界任何名作陳列一處，仍不見得遜色。

陳：唐代「昭陵六駿」您以為怎麼樣？

王：唐代與漢相距近四百年，歷經魏、晉、南北朝、隋之後，是文治武功最興盛的時代，於藝術上承受了漢代的成就，而為後世開闢新境界。昭陵六駿與唐三彩表現手法簡練，馬的性格顯得突出。但是，想像力則不及漢代豐富。

陳：唐代威名四震，當時帝王為表彰武功與威望，特別愛馬，那時代名家輩出。

王：是的，尤其是開元、天寶年間。其中以曹霸，韓幹最負盛名。韓幹有「牧馬圖」與「照夜白」流傳後世，神采生動，被譽為唐代第一畫馬大師。

陳：宋元以後鞍馬畫家那幾位較為突出？

王：宋代以鞍馬畫家李公麟最突出。李公麟早年留意畫馬，每欲畫，必先觀馬，以盡變態，後來專畫佛像。湯垕「畫論」評說：「唐名手至多，吳道子畫家之聖也，照映千古。至宋李公麟伯時一出，遂可與古時作者並驅爭先。」元趙孟頫是力追唐宋，至於清代雖有意大利畫家郎世寧，但亦只是「工於繪事」而已，乏善可陳。民國以來，徐悲鴻、梁鼎銘以畫馬名重於世，葉醉白的飛馬技法則獨樹一幟。

陳：在中國古代以馬為題材的藝術作品中，您最感興趣的是哪一種？

王：我最感興趣的是漢代石刻。因為，這些以馬為題材的藝術作品，神乎其技，有無窮的韻味。

陳：談中國繪畫，總會想到「國畫六法」。對所謂「六法」不曉得您的看法怎麼樣？

王：「國畫六法」是南齊謝赫（約公元四七九～五〇一年）根據前人的言論加以整理而於「古畫品錄」中提出的繪畫理論。它可以說是中國繪畫創作的法則，是鑑賞與批評的規範，對後世畫風的變遷有很大的影響。「國畫六法」雖是謝赫所倡議，不過，謝赫以前的畫家如顧愷之、宗炳、王微等，在理論上即隱約顯示著同樣的思想。而「六法」與印度的「六分」也有很多相似之處。所以，有人認為它是直接受「六分」影響。可以斷言的是：「六法」絕不是完全源自印度的「六分」。「國畫六法」是：氣韻生動、骨法用筆、應物象形、隨類賦彩、經營位置、傳移模寫。六法精義不但包括繪畫技法，而且它排列的次序，秩然不紊，很合於科學思想。在鑑賞上，「氣韻生動」是最高準則，其他五法是達到這準則的必要條件。在創作上，「氣韻生動」是最高的目標，其他五法是達到這目標的基本要素。

陳：有人說：六法中最後一法「傳移模寫」是屬於臨摹畫的技能。

王：對的，就正如唐張彥遠說的：它是「畫家末事」。實際上，作為創作與評論畫的標準，「傳移模寫」是多餘的。謝赫的「國畫六法」被譽為是「萬古不移」，可能就是為了這樣，「傳移模寫」影響所及，形成了後世崇尚臨摹的風氣。這種風氣是始於明代。中國山水畫至明因歷代名家遺留精深奧妙的作品很豐富，崇古思想漸濃，一般畫家多沉緬於古代的法度，重臨摹不重創作，繪畫風氣因而漸趨沒落。至清一代，更是以仿古為最高目標，連畫家自己所作山水，亦題上仿某某人筆意。

陳：中國繪畫有「外師造化，中得心源」的理論，請您談談它的意思。

王：「外師造化，中得心源」是唐代名家張璪所說的一句提倡改變自然形態而義理深遠的哲言。它強調繪畫的內容思想和形式技巧是造化與心源的凝合，是客觀的自然景物與主觀的生命情趣交融滲化的結晶。所謂「師造化」，就是「寫生」：所謂「得心源」，就是「創作」。這種論調著重在「以形寫神」，它的含義與謝赫六法中的「傳移模寫」恰恰相反。

中國畫論有「信造化之在我」的說法，「信造化之在我」和「參天地之化育」有異曲同工之妙。畫家以藝術形式創造萬物，萬物因我的誕生而存在。莊子「齊物論」中「天地與我並生，萬物與我為一」的精神是「默契自然，與道同機」的超然態度。孟子「萬物皆備於我矣」是天人合一，妙造自然，是「外師造化，中得心源」的境界，是禪的境界，同時，也是中國繪畫最高的境界。

陳：是否可以舉幾個例子，來引證「外師造化，中得心源」的理論？

王：畫家觀賞大自然景物時，景物已經有他的感情在。待其進入畫家心靈，傳達於筆下，則整個景物已與畫家的精神熔成一片。宋代范寬「常危坐於山林間，終日縱目四顧」。元・黃公望「終日在荒山亂石叢林深篠中坐，意態忽忽。」古人論書法藝術，說：「張長史見擔夫爭道，公孫舞劍，而書法大進。黃魯直觀蕩槳撥掉，而得其勢。懷素覽夏雲隨風，而悟草書之變。雷簡夫聞江瀑聲，而筆法流宕。文與可見蛇鬥，草法頓能飛動。趙子昂見水中馬雞繞墻而得勾八之法。」他們都是由於深解「道通天地有形外，思入風雲變態中」的哲理。大自然經過畫家情感思想的融合與提煉，畫家外有所感，內入意與物化，是以抒寫胸中逸氣，不落畦徑，不入時趣，而能超脫高深，氣韻生動。

景：王先生學習西洋畫，對中國繪畫理論亦有深入研究。請問，西洋繪畫的焦點透視和中國繪畫的散點透視，在畫面上所造成的效果有何差異？

王：西洋畫家著重透視原理，風景寫生通常是在一個固定的位置，運用焦點透視，畫面是大自然景物的重現。大都屬於客觀的。中國畫家遊山玩水，總是瀏覽觀賞一番，然後重新構思。以這種形式完成的作品是完全屬於主觀的、想像性的創作，畫家所依據的就是散點透視的原理。中國畫家認為散點透視才能絕對的表現大自然景物的「盧山真面目」。所謂「橫看成嶺側成峰」，所謂「山形步步移」，「山形面面看」，畫家位置移動，景物便有了新的變化。因此，一般畫家的構圖總把近景安排於畫幅下方，遠景居上，越遠越高，無限發展，不受空間與形象的限制。中國山水畫所以能給觀賞者「咫尺千里之遙」的感覺，便是散點透視所造成的特殊效果。散點透視是根據南北朝宗炳「近大遠小」的理論形成，流傳至宋代，山水畫的發展已漸趨成熟，繪畫創作亦積蓄了豐富的經驗。郭熙在「林泉高致」提出透視的「三遠論」：「山有三遠，自山下而仰山顛，謂之高遠。自山前而窺山後，謂之深遠。自近山而望遠山，謂之平遠。高遠之色清明，深遠之色重晦，平遠之色有明有晦。高遠之勢突兀，深遠之意重疊，平遠之意沖融，而縹縹緲緲。其人物之在三遠也，高遠者明瞭，深遠者細碎，平遠者沖澹，明瞭者不短，細碎者不長，沖澹者不大，此三遠也。」「三遠論」是中國繪畫透視學的一大特色。它使畫家在構圖創作上有更廣闊的天地，對大自然景物的處理有起有伏，有隱有現，能隨心所欲的自由發揮。

景：西洋繪畫的「即興創作」與中國繪畫的「從無法處說法」於理論上與實際創作上有什麼不同？

王：西洋畫的「即興創作」（IMPROVISION）是康定斯基（V. KANDINSKY, 1866-1944）的理論，他主張畫家作畫之前，心靈是一片空白。無思想，無意念，無方法，作品未完成之前，不知道效果怎樣。事實上，這種繪畫方式，在中國古代早就有人做過。清．方薰「山靜居畫論」記載：「宋迪作畫，先以絹素張敗壁，取其隱顯凹凸之勢。郭恕先作畫，常以墨漬縑綃，徐就水滌去，想像其餘跡。朱象先作畫，於落墨後復拭去絹素，再次就其痕跡而圖之。此皆欲渾然高古，莫測端倪也。」所謂從「無法處說法」是繪畫表現技巧的一種突破，所造成的效果與西洋抽象主義，「在具象形態中隱含抽象精神，視覺現實與色彩構圖佔主要地位，物象的形態已屬於次要」相似。

明・畫家楊芝談畫說：「安得三十丈大壁磨墨一缸，以田家滌場大帚蘸之，乘快馬橫掃數年，庶幾手臂方舒，而心腦以暢。」把美國抽象主義「動作繪畫」創始者帕洛克（JACKSON POLLOCK 1912-1956）那種奔放恣意滴流的創作方式與楊芝的「氣勢磅礴」相較，實在有小巫見大巫之嫌。

景：請談談青原惟信的「看山是山」。

王：青原惟信說：「未參禪時，看山是山。參禪後，有了入處，看山不是山。悟禪後，終於看山又是山。」「未參禪時，看山是山」，是從常識觀點和理智分析看山，這時的山是沒有生命的。參禪後，不把山看作聳立於眼前的自然物象，山便不再是山。可是，當真正禪悟之後，心游萬里，目極大荒，把山融合在自己生命裏面，也把自己融合在山裏面，這時的山是有生命的山，是真正的山。「把山融合在自己的生命裏面，也把自己生命融合在山裏面」，就是「我在山水之中，山水也在我之中」（「鈴木大拙語」）。「有生命的山」，「真正的山」，表現在畫面上是畫家對宇宙萬物的讚美，和對人生喜怒哀樂的探討，是超越自然的真畫，同時也是「運其神氣於人不見之地」的高超意境。如果以西洋繪畫理論分析青原惟信所說的：「看山是山」即「現象的世界」。「看山不是山」即「感覺的世界」。「看山又是山」即「生命自體的世界」。

景：請問你對於西洋繪畫的具象、半抽象與抽象三種不同的表現形式看法怎樣？

王：具象、半抽象與抽象是西洋繪畫三種不同的表現形式。「具象繪畫是以寫實的技法描繪物象的外形，把主題以最直接的方式紀錄下來，然後進行簡化與分析，刪掉多餘的細節，保留基本的形態，這種創作方式是純粹形象的構思。半抽象繪畫是介於具象與抽象之間，是客觀世界與主觀情思交融後構成超自然物象的藝術創作。它屬於具象的描繪，採用變形，變色的抽象觀念和技法作為表現方式，超越自然，是物象經過畫家思想感情的提煉與融合，使畫家的修養、個性、想像力及創造力充分流露於畫面上。在具象形態中隱含抽象精神，視覺現實和色彩構圖佔主要地位，物象形態已屬於次要，沒有絕對的具象也沒有絕對的抽象。」這和經過提煉與典型化所形成的藝術形象及中國繪畫「情與景會，意與象通」，「不求形似求神似」的理論有異曲同工之妙。抽象畫所標示的是絕對自由的創作，所追求的是絕對的美。它有兩個系統，一是用曲線、直覺的，神秘的手法，創始者康定斯基。另一是用直線，構圖的，幾何學的手法，創始者蒙德里安（P. MONDRIAN, 1872-1944）。

景：中國現代畫家，您最欣賞哪幾位？

王：中國畫家我最欣賞張大千，西洋畫方面我欣賞趙無極。

景：西洋歷代藝術家您欣賞哪幾位？

王：在西洋美術史上，畫家不可勝數，藝術家卻寥寥無幾。「凡是在形式表現上有創意的可稱為畫家；在形式表現上有創意，而且於生命與大自然的存在中具有本質性究極追求的即是藝術家。」西洋美術史上成就非凡的藝術家是：

米開蘭基羅（BUONARROTI MICHELANGELO, 1475-1564）
林布蘭（VAN RYN REMBRANT, 1606-1669）
塞尚（PAUL CEZANNE, 1839-1906）

塞尚被稱為「現代繪畫之父」，他的理論與風格對後世有很大的影響，而最重要的是影響立體派的誕生。因此，在西洋美術史上有所謂「塞尚以前」和「塞尚以後」的看法，這意義是以塞尚為界線，而分「近代」與「現代」。

塞尚於一八八三至一八九五年這段時期，住在天氣晴朗的法國南部，所完成的作品以風景畫為主。與同時代大部分名家所不同的是，他在風景畫中不畫點景人物，表現著超自然的境界。塞尚對東方藝術不感興趣，但他的靜物畫、風景畫卻採用散點透視，與實際的物象比較，顯得富有動感。這種表現方式和中國散點透視的理論不謀而合。塞尚的作品所要表現的是空間的構成，而不是畫中的主題。

塞尚的「大水浴圖」（LES GRANDES BAIGNEVSES）赤裸的水浴女郎，事實上只是風景的陪襯，那些被誇張的大腿，一個個像是石柱一樣，與那參天大樹同樣作為構成整個畫面的主要部分。有人認為一個畫家經常描繪同樣的題材，即是一種重複。但，塞尚與不少印象派名家對同一個題材總有很多的連作，「大水浴圖」費了七年才完成，這期間，與它同題材大約畫了卅幅。塞尚夫人畫像大多是四分之三身長的有廿四幅。「聖維克多山」（MONT SAINTE-VICTOIRE）

完成了五十五幅。欣賞印象派及後期印象派畫家豐富的作品，就會發現他們特別喜愛反覆描繪同一個題材。反覆描繪同一個題材是訓練表現技巧最理想的方法。有人問塞尚，要成為一個畫家應該怎樣學習繪畫？他回答說：「把畫家的火爐畫一百遍。」

景：有人認為一個真正藝術家的作品應該以現實人生的人物活動為題材，對於這種論調，不知王先生的意見怎樣？

王：作畫應該是以表現畫家的情感與思想為主。畫家雖然不能脫離現實人生，但是，他的創作卻不能因此而受到限制。人物可以作為題材，同樣的，靜物與風景亦可以作為題材。宇宙萬物都可以寄寓藝術家的思想感情，同樣的，也可以成為不朽名作。一束花卉，是一片風景；一片風景，也就是一個心境。塞尚與梵谷的靜物和風景於今都是眩目的稀世之寶，便是最好的證明。

大自然是取之不盡，用之不竭，豐富的藝術寶藏。藝術主要在於創作，藝術家的心靈不受任何限制，游心於神祕的虛谷，放射靈性的光輝，表現獨有的魅力與精神世界，才能大放奇光異彩。

要畫自己有興趣的題材，這就是古今中外很多藝術家成功的秘訣。

景：最後我想請教王先生的是：作為一個成功的畫家應該俱備什麼條件？

王：一個成功的畫家應該俱備：一、獨特的繪畫風格。二、高超的表現技巧。三、優越的品格學養。

畫品即人品，風格即人格。

畫展憶述

一九九二年十一月十一日，台北中央國際聯青社社長陳恂如律師與懷寧錄影傳播有限公司董事長林志誠，聯合主持假誠品藝文空間舉行我的個人慈善畫展，特請菲律賓總統令三媛約瑟芬，藍慕斯小姐（MISS JOSEPHINE RAMOS）及中華民國外交部錢復部長夫人田玲玲女士、國防部陳履安部長夫人曹倩女士、經濟部蕭萬長部長夫人朱俶賢女士及陳恂如博士、陳義耀先生主持剪綵。售畫所得悉數獻捐國際特殊才藝會。在台北舉行慈善畫展，馬尼拉方面除了幾位友好外，沒有其他的人知道，也沒有發佈新聞。一九九三年六月，我個人的生活照片、畫冊、著作及年譜為中國深圳天下名人館第一珍藏廳第五七四專櫃收藏。同年，「SHELL REUNION ARTIST」一書出版，以二頁篇幅刊載我的風景與荷花油畫。

在台北市立美術館參觀「趙無極回顧展」（ZAO WOU-KI RETROSPECTIVE SHOW）。趙無極一九二一年生於北平，一九四一年畢業杭州美專，留校任講師。一九四八年偕夫人到巴黎，一九五一年遊瑞士在美術館看到克利（PAUL KLEE）的作品，他開始在畫布上創作古樸的、類似甲骨文形象，粗細有緻的筆觸和充滿詩意的境界。畫面躍動著一片中國城鎮鄉村特有的喜氣，在一連串的符號中，表現歡騰愉悅的氣氛。線條隨興遊走，描繪出遐思的脈動，欲露還掩，似斷還續。三年後，他感到這種符號是瞭解繪畫的指標，同時也是創作的一種限制，終於邁向抽象繪畫的道路。他表示說：「我作抽象畫完全是基於自己的需要，因為，我認為這種風格是我個人言語上的一種選擇。抽象畫那種破壞傳統的構圖方式和色彩原理，是最能自由的表達我個人的思想感情。」又說：「三十餘年來，我不但賭下了自己的財富，也賭下了自己的生命，以及祖先所留給我的藝術遺產。如果說，一個人的一生中，必須做些讓自己發狂的事，那麼，繪畫便是我的全部生命，也是我終身追求的惟一憑籍。」

趙無極一九五八年到香港，那是第一任太太景蘭離他而去不久。遊香港最大的收穫是認識電影明星朱纓（原名美琴），他在「趙無極自畫像」寫著：「我一見她就愛上她了，她姣好的五官，帶著一種既嬌柔又憂悒的氣質，強烈的吸引我。我沒有花多大氣力就說服她辭去工作，放下一切，跟我到巴黎。」

這一年六月五日，趙無極寫給我一封信。說：「此次來港僅是我全部旅程的一個城市，所以逗留不會太久。承你來信問起我的創作和生活，我是一個懶惰的人，關於我的畫，在巴黎和紐約都有畫商代理，所以我自己實在理不出頭緒來。

新聞天地卜少夫先生一連發表了三篇文章，內中有中央社林友蘭撰寫的關於我對繪畫的意見，當然是片片斷斷，沒有完整的理論，這些大概是比較容易找到的資料。我訂於這月底離開香港回巴黎，以後有機會馬尼拉見面。祝你藝術工作順利。」

關於美琴，在「趙無極自畫像」中他寫著：「美琴的美麗，有如明星的燦亮，同時她又有在憂患中成長的一份超越年齡的成熟。她聰慧，卻始終保持一種少女清純，我們沈浸在無憂無慮的愛戀中，完全沒有考慮到她脫離生長環境，到一個陌生的國度裏可能遭遇的困難。一九六〇年，美琴因甲狀腺開刀後，心理失調，一天天沈入病痛，而於一九七二年去世，死時只有四十一歲。」

一九七三年五月，有一次趙無極到「小皇宮」參觀中國大陸出土文物展覽，無意中邂逅一位剛考過巴黎市立美術館館員資格的年輕小姐，這時她年方二十六，他五十二，正好是她的一倍。四年後他倆結婚。

一九八一年，趙無極應版畫家畫廊之邀在台北展出，他的第三任太梵思娃，馬凱偕行。在畫展過程中，我們有幾次見面的機會。但是，對於他的繪畫歷程和那充滿了浪漫氣氛的抽象畫，卻是直到一九九三年參觀他的回顧展，才有加深一層的了解。

二十世紀海外華人畫家能真正在國際上被尊稱為「大師」的，趙無極可謂是第一人。

馬尼拉一家規模龐大的購物中心陸續開設了幾間畫廊。我突然想到，作為一個專業畫家，沒有屬於自己的畫廊，不但實際發展空間受到限制，有時還會蒙受意外的損失。我於八十年代初期，二年中就有三次的教訓，因此，早就有了創設畫廊的構想。恰好此時有位台北友人擬移民來菲，樂意主持畫廊業務，我修函向那購物中心申請，想不到等待了三個多月才有消息，而那位台北友人以為希望渺茫，已轉移目標到中國大陸去了。我因沒有妥人負責管理，只好作罷，那是一九九三年二月。過了不久，有一次無意中和媳婦美安談到這事，美安表示對畫廊很有意趣，我於是又再向該購物中心申請，可是畫廊店面都已租出。在失望中我想到SHANGRI-LA PLAZA MALL，這開設於MANDALUYONG市最高級的購物中心還沒有畫廊，當我向業務部經理提出申請，他們卻因為不明瞭畫廊經營性質與情況，而擱延了將近一年，至一九九四年十月才批准。十一月十七日，亞洲藝廊和我第十四次個人畫展同時開幕。

廿餘年畫荷花，完成的作品為數不少，黃山歸來後，我便又繼續描繪我早期所熱愛的風景畫。九十年代中期，開始畫玫瑰與百合花，我認為，花卉與風景人物同樣可以引發創作的動機與靈感，而展現一個理想的美。

首都銀行基金會捐獻中華人民共和國教育委員會人民幣三百萬元設立重點大學獎學金。一九九四年十一月三日，我偕同鄭少堅董事長、邵建寅顧問飛北京。四日訪問北京大學、外國語大學、清華大學。在清華大學與學校首長舉行座談會後，我立即和邵建寅遊「荷塘」。知道清華大學校園有個「荷塘」是求學時期讀朱自清的「荷塘月色」留下印象的。在中國早期散文作家中，我最欣賞朱自清那真摯樸拙的風格。

朱自清浙江紹興人，一八九八年出世。一九二〇年畢業北京大學文學系。在他所有的作品中比較「荷塘月色」更為人所讚許的是「背影」。「背影」全文包括標點符號只有一千四百二十一字，描寫親子之情，絲絲入扣，反映社會環境，深刻含蓄。在這篇結構謹嚴的文中，沒有誇張，沒有矯飾，也沒有華麗的詞藻，字裏行間洋溢著至親至情。「背影」被譽為是於平淡無奇中含蓄至理，於樸拙中見出秀麗的名作。

朱自清治學認真，不隨俗浮沉，是一位富有正義感令人敬佩的學者。遊「荷塘」與其說是欣賞她的景色，不如說是對朱自清的憑弔。

一九九四年十一月七日首都銀行基金會與中華人民共和國教委會在人民大會堂簽署合約。次日，我與邵建寅顧問飛上海，訪問復旦大學、交通大學，外國語學院。十日訪問廣州中山大學。一九九五年四月九日於人民大會堂舉行獎學金頒獎禮。儀式開始，教委會柳賓副主任與鄭少堅董事長相繼講話，然後由我宣佈得獎學生姓名。十大重點大學包括：北京大學、清華大學、北京外國語大學、上海復旦大學、上海交通大學、上海外國語大學、廣州中山大學、廣州外國語學院、天津外國語學院、廈門大學、每校得獎學生十名由鄭董事長頒予獎金。

在北京中國美術館參觀米羅（JOAN MIRO 1893-1983）畫展。米羅是西班牙現代藝術三大師之一，另二位是畢卡索（PABLO PICASSO 1881-1973）和格里斯（JUAN GRIS 1887-1927）。米羅的作品與克利（PAUL KLEE 1879-1940）同樣的是「心靈即興感應」。他在畫中總是匠心獨運的以一種特殊的意象詮釋現實世界。美術館除掛滿米羅的畫外，還有他的畫論。其中有一段，他寫著：「依我之見，一幅畫應該像一束火花，像一位絕代佳人那樣容光煥發。或者，像一首絕妙好詩那樣光芒四射！」

北京的初春寒風刺骨。有一天早上，約首都銀行基金會吳國藩副董事長與邵建寅顧問遊蘆溝橋。蘆溝橋位於北京西南十五公里豐口區的永定河上，是一座古老石造的聯拱橋，橋長二六六公尺，寬七・五公尺。橋身兩側，有望柱一四〇根，柱上有形態各異的大小石獅。我和邵建寅一左一右分頭數著石獅，總共四八五隻。橋東碑贏亭有清乾隆皇帝親題的「蘆溝曉月」漢白玉碑，我們在此拍照留念。面對著北京八景之一的蘆溝橋，腦子裏鉤起的是一九三七年七月七日震動全國「蘆溝橋事變」慘痛的記憶。

一九九六年五月首都銀行基金會在清華大學舉行獎學金頒獎禮，得獎者除去年十大重點大學學生一百名外，又增加南京大學、四川聯合大學、西安交通大學、武漢大學、同濟大學學生各十名，總共一百五十名。頒獎禮結束後，我又到「荷塘」拍照留念。二次遊「荷塘」都不是在夏季，未能賞荷。但，這並沒有影響到我對「荷塘」的喜愛。

自一九九二至九六年，四年中五次到北京。遊故宮、頤和園、萬里長城，十三陵和逛美術館外，我最感興趣的地方是琉璃廠。榮寶齋看國畫，文具店購毛筆宣紙，古董店欣賞文物，圖書公司閱讀畫冊法帖，每次到那裏總得待上一整天始盡興的滿載而歸。

兼任首都銀行基金會中文顧問十一年（一九八五～一九九六年）主要的工作是主持我所提的方案「全菲傑出華文教師獎」。

青年文教基金會於一九九四年成立，名譽董事長陳永栽，董事長邱秀敏，我任秘書長。每年聖誕節主持「歡樂年年」晚會歡宴華文教師，致贈禮金及紀念品，至一九九七年活動結束。

一九九四年十一月十七日馬尼拉亞洲藝廊創設並主持我的第十四次個人畫展，剪綵貴賓有：邱秀敏女士、鄭美齡女士、鄭美麗女士、黃淑美女士、蘇容容女士。

一九九五年，有一天，菲律賓名藝術評論家MANUEL DULDULAO來訪，告以他所著《二十世紀菲律賓藝術家》（TWENTIETH CENTURY FILIPINO ARTIST）一九九三年籌備出版時未能與我聯繫，是以初版沒有我的作品。再版決定以四大篇幅刊載我畫展經歷及色彩作品圖片。該書畫家排列是以出世年月為序。再版於一九九六年發行。

台北舉行第十四屆全國美展，這是繼第十一、十二及十三屆之後，我第四次以特邀身分參加展出。全國美展是中華民國教育部責成國立台灣藝術教育館承辦，籌備委員一一〇名。分國畫、油畫、水彩、版畫、書法、篆刻、雕塑、攝影、工藝，設計等十組。設邀請展出與公開徵件兩大部分，在台北，新竹、彰化、台中、台南、高雄各地作巡迴展覽。是台灣每三年一次規模浩大的美術展覽。我歷屆參展的作品有：

第十一屆　一九八六年。「山在虛無縹渺間」，38×64英寸，油彩畫布。

第十二屆　一九八九年。「荷花」。25×33英寸，油彩畫布。

第十三屆　一九九二年。「心荷」。23×33英寸，油彩畫布。

第十四屆　一九九五年。「蓮花」。34×45英寸，油彩畫布。

一九九七年四月五日在台北參觀國立歷史博物館與中國時報，巴黎奧塞美術館合辦「黃金印象」展覽，展出法國印象派大師，包括：馬奈（EDOUARD MANET, 1832-1883），莫奈（CLAUDE. MONET 1840-1926）和後期印象派大師塞尚（PAUL CEZANNE, 1839-1906），高更（PAUL GAUGUIN, 1848-1903），梵谷（VINCENT VAN GOGH, 1853-1890）及其他名家的六十幅代表作，門票新台幣三百元。我是應中國時報吳文雄之邀專程赴台北參觀，門票早已送到。雖不必排隊，但展覽會場參觀者人山人海擠得使人難以自由行動，只好走馬看花般的匆匆瀏覽一番，滿足對十九世紀法國印象派大師作品的仰慕之情。

一九九七年十一月，我於亞洲藝廊舉行第十七次個展，展出荷花油畫廿幅。還有，以鋼筆美術字書寫詩詞於日本特製「畫仙紙」，一般反映相當良好。王捷順大作譯為中文〈王禮溥，花之君子〉十八日於《聯合日報》耕園週刊發表：

王禮溥的畫室有柔和的光線，潔白的傢具，沒有強烈的色彩對照，它好像不屬於塵世。在這裏，他每年完成五、六十幅油畫，除風景畫外，大都以花卉為題材。如果有陌生人來訪，總會誤以為這畫室是診所。四周的白色，顯得無瑕無疵。幾十個櫥子和抽屜內除了繪畫顏料，畫筆，錄影帶，錄音帶，還有數不清的文學藝術書籍、剪報、素描，三大櫥的衣服和幾十年來撰寫的文章，無論收藏的年月多久遠，當他需用的時候，便立即可從櫥子裏或抽屜中取出。畫室裏惟一不是白色的是電視與錄音機。王禮溥作畫時畫室充滿音樂，他平時喜歡唱歌以調節情緒。

王禮溥每天清早起床，餐後便開始作畫，他的四位子女珍妮、迪里、希白、愛倫都已長大成人，可以毫無牽掛的專心於繪畫工作而不受干擾。他的畫室是在住宅後面一棟三層樓的樓下，包括庭院大約有五十餘個平方公尺。他每天在家，大部分時間都於畫室作畫、讀書、聽音樂。

王禮溥畫荷有三十餘年的歷史，在菲律賓畫家中，很少像他這樣忠於一種題材，荷不僅是一種花，而且是超俗中的超俗，聖潔中的聖潔，她象徵人情中未受沾污的崇高素質。禮溥的荷花含有唐代藝術的精華，同時卻具有現代繪畫的氣息。王禮溥的作品融合中西繪畫技法於一爐，一般中國畫家畫荷，通常是用國畫與水彩，禮溥卻採用油畫。數十年來一直致力於追求東方藝術的純樸與靈巧，而且不斷地探討追尋。他不但是一位畫家，早年學習小提琴，五十年代即開始寫作，八十年代發表不少藝術評論文章，所著「嶺南畫派」一書一九八三年在台北出版。

一九九四年開始，王禮溥創作的題材進入一個新的階段，這時百花齊放，他經常描繪各式花卉和風景畫。雖然對攝影有深入的研究，但是，並不按照圖片描繪，他認為這樣將抹殺了畫家對大自然景物的幻想和藝術的創作性。

王禮溥早期的荷花雖採用油畫，卻有如水彩畫透明的效果。近期的作品，非但構圖更臻謹嚴，色彩也較為豐富，這對早已形成的獨特風格是一種突破。

我平時作畫，通常是一面工作，一面欣賞音樂，所收藏的VCD、CD、VHS、CASSETTE TAPE堆滿六、七個抽屜。在習慣上，作風景畫時，我選擇西洋古典音樂，如：

BEETHOVEN: SYMPHONY NO.3、5、9, MOONLIGHT SONATA

TSCHAIKOWSKY: PIANO CONCERTO NO. 1, IN B-FLAT

SYMPHONY NO.6 IN B MINOR

MOZART: PIANO CONCERTO NO. 21

CHOPIN: FANTASIE-IMPROMPTU, IN C SHARP

中國國樂：莫愁女幻想曲，滿江紅二胡協奏曲，蘇武中胡協奏曲，紅樓夢協奏曲，琵琶行協奏曲。還有：黃河鋼琴協奏曲，十面埋伏鋼琴協奏曲。與黃山奇美的山大合唱詩篇。

作荷花時我選擇小提琴演奏的：MASSENET: MEDITATION．TSCHAIKOWSKY: NOTURNE．SCHUBERT AND GOUNOD: AVE MARIA．

梁山伯與祝英台小提琴協奏曲。

王昭君小提琴協奏曲。

歌唱的我喜歡男高音PAVAROTTI。中國早期的：夜半歌聲，長城謠，松花江上，滿江紅，初戀女，漁光曲及我愛你中國，長江之歌，大海啊，故鄉。菲律賓女高音：CONCHING ROSAL: ANG MAYA, HATING GABI．SYLVIA LA TORRE: DAHIL SA IYO, MAHAL KITA．有時也聽現代流行歌曲。還有：DAVID MILES HUBER 「RELAXATION AND MEDITATION WITH MUSIC & NATURE」，音樂中有風聲、雨聲、流水聲。使人如置身大自然懷抱中，彷彿看到青山翠谷，萬壑爭流；驚濤駭浪，湧岸騰沸，而渾然進入忘我境界。不過，這種被認為風格嶄新的音樂，我想該是受到七十年代日本音樂家喜多郎的影響，表現卻沒有後者感人之深。喜多郎原名高橋正則。他最成功的作品「絲綢之路」採用日本的筒蕭，中國的琵琶，印度的SITER，西洋的鐵片琴，曾由倫敦交響樂團演奏，一九七四年他廿八歲時製作「電子映象音樂」，內容與形式突破一般音樂的風格，這種心靈音樂錄音帶出品後即震撼國際樂壇。

一九九八年七月四日，依斯特拉達（JOSEPH EJERCITO ESTRADA）宣誓就任菲律賓共和國第十三屆總統。歷任SAN JUAN市市長，參議員、副總統，因為是超級電影明星，深得一般民眾的擁戴。

一九九九年二月十五日參加菲律賓美術協會聯展。三月十三日，台北舉行環球中華小姐競選應邀擔任評審委員。中華小組總決賽於下午六時假中壢市首華大飯店分三階段舉行：一、自選服展示，自我介紹。二、泳裝展示。三、旗袍展示，機智問語（由司儀主持）。三十位參賽佳麗經過三小時劇烈競賽，結果廿一歲的王婉霏奪得后冠，並榮獲「最佳身材獎」與「最佳氣質獎」。總決賽評審委員，有：畫家張杰、王禮溥、陳陽熙、藝人花佩蘭等。廿二日與台北畫家陳陽春搭火車到台中參加美國名水彩畫家曾景文回顧展，抵達美術館後始獲悉曾景文因太太身體不適，延期來台。在詳細觀賞了曾景文陳列於美術館的大作，發覺他最精彩的是五、六十年代的作品。

一九九九年六月四日至廿二日，亞洲藝廊首次主持MALANG、文言和我「SHARING 3」聯展，三人的作品在展出期間全部售罄。

計劃九月遊中國雲南省，向一家旅行社查詢行程，女秘書告訴我說，正好菲華作家林忠民、若莉、美瓊、謝馨、鳴英、珍玲與瓊華擬組團參觀世界園藝博覽園（WORLD HARTI-EXPO

GARDEN），建議我偕行。但是，我表示說，我不是作家，到雲南的目的是旅遊作畫。倘若有何文藝活動恕不參加。就這樣我隨團於六日出發。這是有生以來所看到最美麗、最動人的世外桃源。當飛機抵達「雲霞都會」上空，我就深深地為那藍天白雲和一大片紅色土地強烈色彩所吸引著。昆明市的風光旖旎，阿廬古洞的山筍河水，石林的群峰壁立，九鄉溶洞的瀑布飛瀉，大理的古城風貌，洱海的水天一色，麗江的別有天地，玉龍雪山的詩情畫意。雲南日麗風和，她的美，美得使人如置身於一個神仙境界。雲南遊主要的活動是參觀世界園藝博覽園，然而，當欣賞了這一連串似曾於夢中出現的美景後，博覽園便顯得不很重要了。

十月廿日，與星期六畫會會員到泰國曼谷旅遊寫生，前後五天，完成了不少素描。星期六畫會早期成員剩下的已無幾人。九十年代中在MALANG領導下積極展開活動，最主要的工作是每年七月於 MEGAMALL藝術中心舉行年展。一九九八年MALANG辭職，雖然，每星期六下午仍借用亞洲藝廊場所，我卻很少直接參與活動，一來是因為工作繁忙，二來是我對於團體美術活動已經引不起興趣。

十二月十四日，我第十九次個展於亞洲藝廊揭幕，菲律賓每日詢問報的「LIFE STYLE」與菲律賓星報「ART & CULTURE」都以二大版的版位刊載我的「A LIFE IN ART」和「RECOLLECTIONS FROM A LIFE IN PAINTING」。二〇〇〇年六月九日「SHARING 3」第二次展出，該兩大報同時於五月廿九日發表專文評介。遠居於描戈律的收藏家蔡淑慧（TERESA C. GOCHANGCO）於閱報後即來電話預訂我那幅尚未完成48×60英寸的風景油畫。蔡淑慧早年肄業三寶顏中華中學，品學兼優，大學畢業後結婚隨夫定居描戈律。現在是位虔誠佛教徒，是佛光會描戈律分會負責人之一，她於一九九五年開始收藏我的畫，幾乎都是大幅作品。

二〇〇一年六月九日，「SHARING 3」第三次展出。

台北國際藝術博覽會於十二月十三日假世界貿易中心二館揭幕。MALANG與我原計劃於十二日到台北，因臨時有特別事故改延至十六日。世界貿易中心位於東區與凱悅飯店、國父紀念館相近。我們於下午五時到會場，參加博覽會畫廊二十五家，與以往不同的是今年幾乎都是本土畫廊，展出作品則以中國大陸的為主。博覽會於十八日結束，根據資料報告，今年因經濟不景氣，參觀者雖有六萬五千餘人，較去年增加一萬人，成交額卻只有新台幣七千五百萬元。我們在參觀後的結論是：「假如明年參加博覽會，作品與各國精英的傑作陳列在一起，互相觀磨，對自己的畫是一種挑戰。惟租金每單位（4×5立方公尺）美金六千五百元，過於昂貴，況且為期只有五天。」

二〇〇〇年，請MALANG代向星期六畫會會友轉達，我因畫事繁忙，決定停止參與一切活動。

九月，菲律賓這擁有七千七百多萬人口的國家政局興起大風波。南伊羅戈省長辛遜指控依斯特拉達總統從賭博業者收取鉅款，並截留該省煙草稅。十月，眾議院通過對總統進行彈劾。十一月十三日眾議院通過彈劾法庭審理彈劾案。二〇〇一年一月十九日，數十萬示威者在邑沙紀念廣場舉行集會，要求依斯特拉達總統辭職。國防部長，參謀總長及警察總督宣佈不支持現政府。一月廿日，最高法院宣佈剝奪依斯特拉達總統權利，總統職位空缺。副總統阿羅育（GLORIA M. ARROYO）宣誓就任為菲律賓第十四屆總統。一月廿一日，一切恢復平靜，我們非常慶幸，這次政權遞變，沒有引起意外不幸的事故。

菲律賓南島穆斯林亡命之徒於七十年代成立「阿布沙耶夫」（ABU SAYYAF），廿餘年中成員已有數百人。二〇〇一年五月廿七在PALAWAN 的DOS PALMAS RESORT綁架廿名旅客，其中三名美國人。阿羅育就任總統後即採取強硬政策，但問題仍無法解法。二〇〇二年一月十五日，菲美並肩作戰演習開始，美軍進駐三寶顏及描絲蘭市，情勢才逐漸改變。六月廿一日，阿布沙耶夫在北三寶顏省的施武戈社（SIBUCO, ZAMBOANGA DEL NORTE）海上與政府軍交鋒，首領被格殺，四名鎗手被捕。南島阿布沙耶夫雖部分解決（尚有其他黨匪活躍於蘇洛群島），大呂宋地區綁架事件還是層出不窮，而綁架對象又大都是華人。

亞洲藝廊實際主持人是我的媳婦美安，前四年工作未上軌道我不得不時予督導，是以花費在畫展籌備工作的時間較多。經過一段時期的磨練，業務員已能駕輕就熟，勝任愉快。一九九七年開始，發佈畫展新聞，寄送請柬和邀請主持剪綵貴賓全部由亞洲藝廊負責。歷年來所邀請的貴賓幾乎都早已收藏我的作品。至於我個人方面，因畫展每年舉行一次，為了不願過分勞動諸友好，發出的請柬很少。藝廊秘書為菲律賓人，是以自這一年起就不再送畫訊予華文報社。有幾位關懷我的朋友嘗說，如果不是閱讀菲律賓每日詢問報與菲星報週一藝術版，他們還以為我已擱筆不再作畫了。

我是一個專業畫家，平時幾乎都在畫室作畫。對於藝廊的經營，在時間上我無法兼顧；在工作上是無興趣參與，收藏者購畫通常是與業務員直接聯繫，我從不過問。亞洲藝廊的創設擴展我的活動空間，藝廊成績可觀，我所感到興奮的不只是作品有人欣賞，而是因為精神上獲得的鼓勵，使我有更大的信心、耐心與恆心，追求更高的藝術境界。

一個畫家歷經漫長時間的探索開拓，而且要有敦厚篤誠之情，光明磊落之心及高尚的品德，宏達的抱負，超越的見識與淵博的學問。古人說：「江河不擇細流，故能成其深；泰山不擇丘壤，故能成其大」正是這個意思。從事藝術工作半世紀，至今才真正體認到藝術創作的真諦。為藝術而藝術是一種理想，選擇繪畫作為終身志業，無怨無悔。

後記

《王禮溥心靈世界》二〇〇二年十二月四日至二〇〇四年二月於《聯合日報・耕園週刊》連載後，我即將它束之高閣。在馬尼拉出版華文書是既花時間又浪費金錢，對此我從未有所寄望。書中數篇英文譯稿前年交菲律賓每日詢問報發表，有出版社洽談合作事宜，由於繪事繁忙，遲遲難以作最後決定。我始終認為，一切應該隨緣。

今年六月下旬從澳門盧九公園荷花寫生歸來，意外邂逅楊宗翰先生，他讀完本書原稿後隨即建議於台北出版。在衷心感激之餘，我終於欣然同意將這「十七歲的夢，七十歲的回憶」付梓問世。也許，這就是所謂之「緣」。

二〇〇九年八月廿二日記於
北京圓明園荷花塘畔柳樹下

【附錄一】

「君子藝術家」王禮溥

王文選

宋朝詩人王淇有首詠梅詩：「不受塵埃半點侵，竹籬茅舍自甘心；只因誤識林和靖，惹得詩人說到今。」在最近的一個飯局上，筆者借用了詩人的詞句，說自已到目前還在埋頭筆耕，每星期要「擠」出三篇專欄文稿，更不自量力出版了三本專輯，說到底，「只因誤識王禮溥」。

去年初，筆者已經決定要擱筆，「笑談古今」專欄也已在報紙上消失；那一段日子裏，禮溥兄的電話特別多，每一通電話都是催促筆者重執筆桿，還娓娓道出一大堆必須繼續寫作的理由，筆者最後拗不過他的堅持，「笑談古今」專欄又回來了。不但如此，每次見面，禮溥兄總催促筆者把專欄的文章集稿成書，還特別安排飯局，介紹筆者認識當時來菲任教的學者兼出版界「高手」楊宗翰先生，請楊君協助筆者出書。宗翰兄賦歸台灣之後，禮溥兄又提供電話號碼和電郵地址，要筆者與他聯絡，並稱他本人訪台時已與宗翰兄談過為筆者印書事宜。禮溥兄的熱誠與耐心實堪欽佩，由最早告訴筆者：「你的文章已經足夠彙集成一本書了」，講到「應該印成兩本書了」，而最後聽他的話把「笑談古今」的文稿送到出版社時，竟然印出了三本專輯，這三本書可以說是禮溥兄「逼」出來的。

本週一（三月十九日），菲律賓每日詢問報（PHILIPPINE DAILY INQUIRER）的藝文版以半頁的顯著版位，圖文並茂報導「王禮溥舉行第三十一次個人畫展」的消息。文章刊登了禮溥兄巨幅的照片以及幾幅顏色鮮豔的近作，並指出他近年來將自己的畫作帶進一個登峰造極的藝術層次；文章還特別提起禮溥兄在兩年前的個展中，以畫作來突顯三寶顏的美麗風景，對這一位華裔畫家讚頌他的成長地、愛護家園的摯情表示無限的敬意。

接到禮溥兄的請柬，畫展將於三月廿八日至四月九日在亞洲商城二樓的亞洲藝廊（ASIA ART GALLERY, MALL OF ASIA）舉行，而禮溥兄聲明「賀詞花籃懇辭」；躊躇如何表達賀意時，想起年前曾經以英文撰寫了一篇「君子藝術家王禮溥」，述談筆者與禮溥兄交識的往事以及淺談他畫筆下荷花的特性，刊載於二〇一〇年九月二十日的菲律賓每日詢問報，作為「秀才人情」來祝賀禮溥兄畫展成功！如此「炒冷飯」，尚請已經在筆者拙著中讀過該文的讀者見諒。譯文如下：

中國古諺有云：「君子之交淡如水，小人之交甜如蜜」，值得欣慰慶幸的，我與王禮溥先生有著一份「淡如水」的交情。

我之所以這樣講，因為認識禮溥兄已有半個世紀了，但我們見面的機會並不多；八十年代初，我前往文萊和香港從事金融投資的工作，離開菲律賓達二十四載的光陰，在那廿餘年間，與禮溥兄關山遠隔，連一面也沒有見過，堪稱音訊全無；可是當我返回馬尼拉，發現禮溥兄依然熱情如昔，對老朋友的關懷並沒有因歲月的流逝而磨滅，友情反而是歷久彌堅。

一九六一年，剛從香港移居馬尼拉，還在中學唸書的我，寄宿於父親工作的鞋舖，同樓居住的還有鞋店少東王文言先生。文言兄是一位畫家，每逢週末，他幾位聖都瑪斯大學的同學經常聚首一堂，因而十來歲的我便認識了這幾位後來飲譽菲律賓藝術界的大師級人物，包括畫家王禮溥、洪救國、王文言和雕塑家丁平來等人。

儘管我是一個藝術的門外漢，與這幾位藝術家之間又有十來歲的「代溝」差距，他們談天說地時，我根本插不上，但總算結了緣，做了朋友。其中，與禮溥兄特別談得來，除了因為他和藹可親，在這一群年青的藝術家之中最「能言善道」之外，我與他還有一項「共同的興趣」——寫作。禮溥兄除了精於畫藝，還是一位出色的作家，他所創作的散文和小說，以及有關藝術和文學的評論文章，廣見於本地及港、台、大陸各地的報刊，也出版了好幾本由他編著的專輯，他早年還是菲華文藝團體的核心領導人物。與這位多才多藝的好朋友交往，他的寫作和出版經驗讓我獲益匪淺。

王禮溥和洪救國這幾位藝術界的「尖兵」，所具備的那一份獻身藝術而終身不渝的精神實在令人敬佩。菲華社會基本上是一個工商社會，特別在五、六十年代，社會大眾都認定藝術家是「前途有限」、「潦倒一生」的職業；但是這幾位年青人卻敢於逆社會的潮流，堅定不移地固守他們的崗位，執著地追求自己的理想。他們心甘情願地作出物質上的犧牲，即使為了生活不得不四處奔波，也沒有放棄追求藝術造詣的初衷。當年禮溥兄和救國兄分別到三寶顏和納卯的華校擔任教職以求「糊口」，然而他們沒有因生活的困迫而放下畫筆。

禮溥兄在三寶顏中華中學執教時，成為這個「花園城市」中名聞遐邇的巴絢蘭卡（PASONANCA PARK）之常客，並自公園的荷塘獲得靈感，繪造出一系列作風獨特，膾炙人口的「荷畫」，在他藝術創作的生涯中，荷花已經成為他的「名片」，禮溥兄所畫的荷花，不但朵朵栩栩如生，而且更刻畫出荷花的高雅品質。

荷花也稱蓮花，宋代名儒周敦頤在他那篇傳誦數百年的「愛蓮說」中寫道，菊花飄逸脫俗，是花中隱士，但自晉朝陶淵明之後，已罕得見到喜愛菊花的人士；世人大都對牡丹趨之若鶩，因為牡丹象徵的是榮華富貴。周敦頤說他獨愛蓮，因為蓮花有種高貴的素質，是其他百花所無法比擬的。

在周敦頤筆下，蓮花「出污泥而不染，濯清漣而不妖，中通外直，不蔓不枝，香遠益清，亭亭淨植，可遠觀而不可褻玩焉」，是「既入世、又超越凡塵」的「花之君子」。藉著對蓮花的描繪，周敦頤刻劃出人中君子，也應該像蓮花一樣懂得潔身自愛。

蓮花從骯髒惡臭的湖沼爛泥中生長出來，卻完全不被污染，依然保持著清新雅秀和純潔的本性；浸淫在清澈的漣漪中也不展露妖媚之態。同樣，一個有高尚道德的君子，在污穢不堪、充滿誘惑的社會環境中，不應該隨波逐流，更不該同流合污；在有所成就、春風得意的時候也不可以盛氣凌人、驕奢淫佚。蓮花中心通達，外表挺直，沒有像籐類纏繞蔓生的細莖，也不滋生枝杈；香氣越遠越清香，高挺而恬靜地屹立水中，供人遠遠觀賞，而不是讓人隨便拿來玩弄。而正人君子也是應該虛懷若谷、謙沖禮讓，擁有剛阿正直的個性，在遭遇風浪的困難時刻，昂首勇敢面對；不群不黨，既不與心術不正的人為伍，也不惹事生非；默默地為人群服務，把自己的才能貢獻予社會；應該獲取別人發自內心的欽羨，而不是只追求人家表面的誇讚和奉承。

可能是畫荷畫得太多，長期與她相對的禮溥兄似乎也被荷花所薰陶，培養出一股「君子藝術家」的獨特氣質；在他的生平中，可以體會到他具備了荷花的各項高貴素質。雖然他已經在社會上，特別在藝術圈裏享有盛名，但卻不驕不躁，而是以謙和恬淡的待人之道及長年掛在嘴邊的笑容，贏來社會上各階層人士的友誼。與他畫筆下的荷花一樣，王禮溥先生是一位「人中君子」。

除了荷花，禮溥兄在他的藝術生涯中也曾經繪作了不少的山水畫。近年來，他在山水風景畫中，以更絢爛的色彩展現了一種新的藝術風格；觀賞到他所創作的那一系列美不勝收的山水畫，的確令人心曠神怡。禮溥兄說，自從他遨遊了神州大地的山川名勝之後，特別是兩度浸浴於黃山的雲海松風之中，讓他驚嘆造物者的鬼斧神工，因而用畫筆記錄下大自然的晨昏美景。

生於中國大陸，長於「千島之國」的菲律賓，王禮溥先生乃是中、菲文化融合的標準楷模；在他的藝術作品裏，可以從西方的畫技中感受到濃厚的東方氣息和精神。禮溥兄將他自己的畫作形容為「半抽象」，是「寫實與純抽象的折衷」，不管是欣賞他創作的荷花或山水畫，明知眼前看到的是現代畫，心底卻總有一種欣賞中國繪畫幽雅飄逸的感覺。

禮溥兄是一位忠於藝術、勤於創作的畫家，在他五十餘年的藝術生涯中，已經成功地於菲國及海外舉辦了三十次個人畫展，他的作品也成為世界各地愛好藝術的私人收藏家以及畫廊和美術館收藏的珍品。王禮溥先生是一位孜孜不倦的創作者，更是一位值得欽佩的「君子藝術家」。

原載二〇一二年三月廿三日、三月廿六日《聯合日報》

【附錄二】

淺談王禮溥

和　權

聖經：「愛是恒久忍耐，又有恩慈。愛是不嫉妒，愛是不自誇，不張狂；不做害羞的事。不求自己的益處……。」證嚴法師「靜思語」：「別人罵我，不諒解我，毀謗我，反而應生起一分感恩的心，感恩對方給自己修行的境界。」這些哲理名言，乃是王禮溥先生的座右銘。

而從這些「座右銘」中，可以見出王先生的為人。他守正不阿，光明磊落，頗有君子風度。修身處世的基本信念是：「誠心做事，誠意待人。」「淡泊明志，寧靜致遠。」（當然，王先生從不自誇，也從不張狂）。

王禮溥先生久已不在菲華詩文壇上活動，惟他精彩的文學作品，以及他筆下淡雅脫俗，一塵不染的荷花，至今依然令人難忘。而荷花似有似無的芬芳氣息依然縈迴腦際。

一九三一年一月十九日生於中國廈門禾山區祥店社。他的祖父是前清貢生，在鄉裡創設一所書塾。他童年時候有二次逃離，而二次死裏逃生，對日軍冷血殺戮所造成不幸的變故，刻骨銘心，永難忘記。

一九三八年隨他的父親逃亡香港，將近一年，始由北婆羅洲的山打根經菲律賓蘇洛群島（JOLO SULU）到達三寶顏

（ZAMBOANGA CITY），一九三九年，他進三寶顏中華中學肄業小學三年級，後來肄業岷市中正中學。

王禮溥先生曾執教於三寶顏中華中學。一九五〇年開始文學創作，他寫新詩，也寫散文。一九五四年，他隨著幾位畫友擁至聖都瑪斯大學附屬美術學校報名，終使他的畫夢成真（王先生的油畫曾榮獲大獎，並由多家大公司和名人收藏）。王禮溥先生曾說：「作為畫家是一種追尋，一份執著，一片鍾情。相信只要鼓起勇氣，堅強地面對現實，有一日撥開雲霧見青天，理想總會得到實現的。」果然，他的理想實現了，他的生活過得很充實，也很怡然自得。

王禮溥先生撰寫國畫評論，也正是他初畫荷花的時候。他常徘徊池塘，看荷花之「出淤泥而不染，濯清漣而不妖」。他十分喜愛荷花，認為荷花俱有君子的形象，何況荷花是佛教的象徵，而畫荷花須要將它昇華至「靜」與「淨」的境界。在他的畫中，所表現的荷花，並非僅是外表形態，而是她的精神，她的高潔品格，她的清新寡慾，與世無爭。總之，王先生已將君子之德反射於荷花（可以說，他以荷花抒情喻志）。

他的作品有極為豐富的色彩語言，不僅擅長於繪畫荷花及各種花卉，也擅長於繪畫山水風景，曾在此間及台北舉行個人畫展二十多次，博得熱烈的掌聲。我們認為，王先生的畫作「氣韻生動」，兼且有人的靈魂在內，寄托了人的思想情感，表現了藝術家的個性。值得稱美。明代人有一小詩：

一琴几上閑，
數竹窗外碧，
簾戶寂無人，
春風自吹入。

這首詩好比是一張靜物畫——小房間和外部是隔離的，但經過窗子又和外邊聯系起來了。沒有人出現，突出了這個小房間的空間美。不但走廊、窗子，一切樓、台、亭、閣，都是為了「望」，都是為了得到和豐富對於空間的美的感受。王禮溥先生的畫，也常予人一種空間的美的感受。

已故菲華作家若艾先生說：「王禮溥先生畫中的荷花，已不是荷塘裏的荷花，而是他以深邃的情感，特殊的技法，所呈現出來那不屬於人間的心荷。」菲華女作家林婷婷女士說：「在他的藝術世界裏，一切是那麼和諧、靜謐、美麗，而又生趣盎然地充滿了希望、光明、色彩。」又說：「由於王禮溥先生在菲律賓藝術界的名氣與成就，由於他那東西合璧的畫風，使菲律賓畫界人士從他的作品中，見識到以國畫精神運用於西畫的奧妙，更由於他經常以文章把菲律賓著名的畫家介紹給國內的藝術愛好者，在溝通中菲文化工作上，他默默地做了沒有名銜的大使。」

菲華女作家莊良有女士說：「文學、繪畫、音樂都是表達感情的媒介，誰也不敢奢望有足夠的才華，把心胸裏的情懷以三種不同的形式抒發出來。王禮溥竟然得天獨厚，擅寫擅畫，能彈能唱，一般人已久仰他的文學修養……。」台灣名作家林清玄說：「觀王禮溥的荷花，好像站在塘邊看眾荷喧嘩。他筆下的荷花都是花葉巨大，優雅地從池裏撐向高舉的天空，由於他喜愛在背景上使用濃重的顏色，鮮麗的荷花和碧玉的荷葉有時彷彿是從畫布裏伸了出來，言有盡而意無窮。」菲華傑出散文家莊維民先生說：「王禮溥運用西方油畫工具材料，巧妙地表現中國繪畫意境，在這方面是非常成功的。」

藝術的境界，既使心靈和宇宙淨化，又使心靈和宇宙深化，使人在超脫胸襟裏體味到宇宙的深境。我們認為王禮溥先生的文學作品和畫作，皆能寫出藝術這深化的作用。

雖然王禮溥先生在藝壇上已建立崇高的地位，但他非常謙虛（從不自誇，也從不張狂）。仍說：「一切只是一個開端，畫了數十年，我認為自己的風格還在蛻變中，也許今天看來滿意的作品，明天又會毫不猶豫的用白顏料把它蓋掉。我從不滿足於眼前的現實。」

他是一位真正值得欽敬的前輩畫家、文學家。我們向他敬禮。

原載於二〇〇九年九月二日《聯合日報》

【附錄三】

訪問畫家王禮溥

訪問者：許茜玲
翻　譯：趙　芸

那是一個週末的上午，在亞洲藝廊，畫家王禮溥於我們預約下接受訪問，使我們對這位成長於菲律賓的華人畫家有進一步的認識。 王禮溥對他的恩師國家藝術獎得獎人依達理斯教授（PROF. VICTORIO EDADES 1895-1985）與菲律賓保守派名家顧斯都里奧（GABRIEL CUSTODIO 1912-1993）感激之情溢於言表。此外，在談話中，他態度謙虛誠懇的為我們們解說他學畫的歷程、繪畫風格的形成與作品中所表現的主題意識。

許：請問你是怎樣開始對繪畫發生興趣，在學畫過程中是不是曾受到任何困難與阻力？

王：我肄業小學時就開始對繪畫發生興趣，事實上，以個人的環境來說，是不容許我學畫的。一九五四年，我如願的進入聖都瑪斯大學附屬美術學校，前後四年，我半工半讀，認真學習，至一九五八年離開美術學校，專心作畫。一九五九年舉行首次個人畫展後於三寶顏中華中學執教，這時期，雖然有固定的收入，由於家庭負擔，生活還是過得相當清苦，不過，這並沒有成為我從事繪畫工作的阻力。作為一個畫家，是一種選擇，一個堅持，我無怨無悔。

許：在作畫過程中，你是怎樣獲得靈感的？

王：對於一個專業作家，靈感好像應該是召之則來的，每當我坐在畫架前，聆聽動人的音樂，手握畫筆，便可以隨心所欲，揮灑自如的展開工作。

許：你的作品大都是以什麼為題材？

王：在美術學校，我是一個插班生，人物油畫科是三年級的課程，我由一個毫無作畫經驗的學生，畫人物油畫，起初確實是力不從心，但在依達理斯教授熱心指導下，逐漸能掌握人體的形態與色彩的調配。一九五五年三月美術學校慶祝銀禧紀念舉行人物油畫比賽，我的一幅習作僥倖得第四名，同年八月第五屆全菲學生美術比賽，我的「夜景」油畫榮獲特別獎，作品為蜆殼石油公司所收藏。我學習人物畫，只是對繪畫技巧的一種磨練而已。

一九六四年，我開始對荷花愛戀，大自然的荷花有白色、粉紅色。我畫荷花卻常用紫藍色，我喜歡紫藍色，因為她高雅含蓄。我所要表現的荷花不是她的外表，而是她的另一生命。

一九八九年與一九九二年，我二次上黃山，黃山的美，美得令人心醉；黃山的奇，奇得令人着迷。遊黃山是我有生以來最難於忘懷的一件事，她使我發現了於繪畫上應走的路向，對我的藝術生命有很深遠的影響。黃山歸來後，我憑記憶畫出了對她的情感意象，不過，我筆下的黃山，是一種表現，而不是再現。

許：一個真正的畫家，總有屬於自己的風格與技法，請問你是怎樣形容你的繪畫風格？

王：也許可以這麼說，我繪畫的風格較注重境界的表現，因此，所採用的是透明法。我始終把自己當為是個初學畫的人，在學習中求取進步。記得美國有位畫家常說：「觀賞過百萬幅的畫，創造了千幅的作品，你才能真正了解到什麼是繪畫，也才能慢慢地形成自己的風格。」

許：請問是什麼使你風景畫的風格顯得與眾不同？

王：首先應該表明的是，說風格「與眾不同」只是一種現象，而不是象徵一種成就。我風景畫的風格所以與其他畫家的不一樣，除了繪畫技法外，可能是構圖形式，因為，我所採用的是中國繪畫的散點透視法。

許：請問，你是不是需要在適當的時間和適當的地方才能完成一幅精心傑作？

王：雖然有將近五十年的創作經驗，也完成了為數不少的作品，但是，直到現在，我認為自己還是未曾創作一幅得意的精心傑作。一九八二年為一位收藏家完成一幅一二〇乘一四〇英寸的油畫荷花壁畫，給我一個很難得的經驗，不過，我深信自己還在進步中，也許有一日我會完成幾幅真正心愛的作品。當我有繪畫衝動時，那就是作畫最適當的時刻。我認為，一個畫家在藝術上要有所成就，除繪畫外，還須不斷地閱讀有關書籍充實自己。

許：要成為一個傑出的畫家，是不是必須接受美術學校正規的訓練？

王：接受美術學校正規的訓練可以從素描、水彩畫、粉彩畫至油彩畫，按部就班的奠定基礎，但如果真想把繪畫當成一種專業，只要有藝術天才，積極訓練，加上恆心，相信沒有進美術學校也可能成為一個傑出的畫家。

許：對一般年輕畫家，不知你有什麼忠告？

王：選擇繪畫這行業，是長期的投資，成功沒有捷徑，「一分耕耘，一分收穫」，最重要的是怎樣看，怎樣想與怎樣畫。

許：你對繪畫的熱愛是否遺傳給下一代？

王：我的兒女對繪畫都相當愛好，只是除了大女兒珍妮外，其他的都沒有接受訓練，也沒成為畫家的意願。我並不勉強他們步我的後塵，畢竟人各有志，而繪畫也不是一種輕鬆的工作。至於第三代，有幾個平時喜歡塗鴉，不過，年紀尚幼小，還未能看出他們真正的志向。

許：你歷年來的美術活動，是否得到任何方面固定的支持？

王：自從一九七五年成為菲律賓籍民，八十年代經常在國外舉行畫展。至九十年代，我發現自己的根是在菲律賓。亞洲藝廊是創設於一九九四年，因為，每年舉行一次個展，為避免勞動諸友好，我個人就不再另送請柬，開幕典禮的貴賓和藝術愛好者，大都是亞洲藝廊負責邀請的。這十數年來，如果有什麼可以自豪的話，那是我很幸運的受到不少藝術愛好者的支持，這對我的藝術工作是種很大的鼓勵。我從不曾把自己的畫當作商品推銷，能夠有這麼良好的環境使我不受外來的困擾，而安心於自己的工作，我深深的感激菲律賓這國家給我特別的恩典。

原載二〇〇一年十月廿九日《菲律賓每日詢問報》

【附錄四】

荷花世界夢皆香

莊維民

古今中外畫家作畫幾乎都有自己偏愛的題材，有的精於風景，有的愛好花卉，有的擅長人物。在無數的題材中，王禮溥對荷花卻情有獨鍾。

一九三一年生於福建廈門，一九四八年學小提琴，擔任華文學校音樂教師，一九五四年，當他到聖都瑪斯大學報名時，由於意識到在菲律賓音樂發展的空間相當有限，終於決定進美術學校。五年後，舉行首次個人畫展，一九六四年開始與荷花結緣「以愛美人之心愛花，則護惜倍有深情」，數十年一往情深，他對荷花朝夕神馳，繪畫技術也漸臻成熟，這種執著好學的精神在負笈聖大時就已表露無遺，那時期他和幾位同學不論是菲律賓美術協會或蜆殼石油公司全菲美展，幾乎每次畫訊都有他們的名字。長時期的苦心鑽研和孜孜不倦的努力向學，使得他們在四十年以後，都成為同業中的佼佼者。

撰寫美術評論，對王禮溥的繪畫思想產生了極大的影響。六十年代他是「週日畫家」，直至一九七五年，一位來自台北的畫家朋友忠言獻議，他才毅然決定全神貫注於多彩多姿的藝術生涯，從此成為專業畫家，而更積極，更深入地描繪他情所獨鍾的荷花。

一九八二年在台北版畫家畫廊舉行個人畫展，接受記者訪問時，他談到熱愛荷花的三個原因：

一、我愛荷花那令人陶醉的色彩。荷花自初開、盛放至凋謝由深紅到淺紅，變化無窮，這種特徵是芸芸眾花所沒有的。

二、我愛荷花與眾不同的形態。有的花中看不中畫；有的花中畫不中看，惟有荷花，遠觀近賞皆相宜，而且又中畫。

三、我愛荷花高雅聖潔的性格。她潔身自愛，樸實無華，光明磊落，與世無爭。

荷花，「詩經」中成為荷華，「說文」中叫夫渠，在「楚辭」中是夫容；「群芳譜」中稱水芙蓉，其後又有水芝、澤芝、玉環、深友、淨容、溪客、六月春等雅稱。而現代散文大家，朱自清的「荷塘月色」，更是膾炙人口的名篇，綠波映蟾光，艷影照清漪，荷香四溢，難怪王禮溥一再聲言，他從不厭倦對荷花的迷戀，這種感情是深刻、強烈而永世不渝的。

有人說，王禮溥運用西方油畫的工具材料，巧妙地表現中國繪畫的意境，在這方面，他是非常成功的。一九八四年，他在台北「今日畫廊」舉行個展時，有人問說，荷花畫家已是這麼多了，為什麼還要畫它？王禮溥答道：「言為心聲，畫為心形，我每次作畫，總是一片虔誠，希望做到人人意中所有，人人筆下所無。我的荷花，所要表現的，不只是外表形態的美，而是企望表現另一生命，雖然，時至今日我從未曾對自己的畫感到滿足，但，我還是認為：不一樣就是不一樣，從題材判斷一幅畫的優劣，是鑑賞藝術作品一種最大的錯誤。

中國人物畫在公元三世紀就有東晉明帝的「輕舟迅邀圖」，衛協的「宴瑤池圖」，山水有顧愷之的「雪齋五老峰圖」；而最早寫荷五代的黃筌，卻是在公元九世紀，兩者相較，山水畫的創作較之荷花畫早六百餘年。在西洋，意大利畫家喬托（GIOTTO DI BONDONE 1266-1337）「聖法蘭西斯之死」壁畫和波提切利

（SANDRO BOTTICELLI 1445-1510）的「眾聖圖」、「春」都是完成於十四、十五世紀，法國印象派大師莫奈（CLAUDE MONET 1840-1926）的「睡蓮」卻是完成於廿世紀初期，兩者相差同樣是六百餘年，為什麼現代畫家畫山水人物不覺得題材古老？這是觀念問題，這種觀念的形成，如果不是對繪畫發展史缺乏常識，便是因為繪畫思想仍然停滯於一知半解的階段。」

王禮溥作畫歷程大約可分為三個時期：

一九五四至七六年，學習時期。

一九七七至八七年，試驗時期。

一九八八年迄今，創作時期。

談到王禮溥的畫風，六十年代的荷花是屬於寫意，筆法奔放自然，構圖格式深受國畫的影響；七十年代色彩對照強烈，有極其顯著光與影的效果；八十年代筆觸細膩，九十年代融合寫意的技法和明暗的效果，畫中荷花有不少是盛放的。古人說：「美酒飲教微醉後，好花看到半開時」然而王禮溥卻說：「最美麗、最動人的荷花卻是將凋謝的時刻。淡淡的白色，隱約顯示著淡淡的哀愁，這種美只在轉瞬之間，便褪落得無影無蹤靜悄悄地消逝。」

在繪畫創作道路走過漫長的四十年，完成的作品數不勝數，有人問他，為什麼作品中只有列號，沒有命題？他引述王國維《人間詞話》作答：「詩之三百篇十九首，詞之五代北宋，皆無題也。非無題也。詩詞中之意，不能以題盡之也。」

藝術生涯是沒有止境的，我們期待，在未來的歲月裏，王禮溥的畫作能再有不斷的突破和創新。

原載一九九四年十二月十三日《聯合日報・耕園週刊》

【附錄五】

風荷亭亭凌空吐紅——談王禮溥及其畫

許　郎

一九八一年，我因工作上的關係，由台北來到了南國的菲島，而有緣結識菲華畫家王禮溥。後來，更因為興趣的契合，談話的投機以及對海外文化工作的看法略同而經常聚首。這段時期，也常在國內的報章雜誌及本地「聯合日報」陸陸續續拜讀過他的大作，和關於他的一些報導，而加深了對他的認識，也常藉機向他請教文藝創作方面的問題，獲益匪淺。

記得第一次和禮溥見面，他給人的印象是舉止溫文儒雅，言談不急不徐，經過幾次交往，發現他熱誠而廣識，文藝活動工作也好，社會政治問題也好，常能引經據典，侃侃而談，令人折服，而對自由祖國文化更有份誠摯的關懷。因此，我常在宴客的場合中，請他作伴，為的是使氣氛能「藝術化」，和外賓談話不致太拘謹，也顯示自己的「附庸風雅」。而他大概也了解，我雖是圈外人，還略識美學，所以也常邀我參加藝文盛會，介紹菲國學術界及美術界的朋友和我相識，天南地北，使我對菲國的社會多了一點認識。

「畫家」、「作家」，王禮溥均可當之無愧。生於中國，長於菲國，但他中文的根基却相當的深厚。年青時期，他就有一股文學創作的狂熱，經常投稿於菲律賓的華文報，發表過新詩、散文及短篇小說。以後，當過僑校教員，熱衷攝影，沉迷音樂的美好旋律，拿過指揮棒，帶領過團體返自由祖國。一九五四年，進入菲律賓聖都瑪斯大學學習美術，他開始拿起畫筆，創造另一面的藝術天地。由這些學藝的歷程，使他身上充滿著各式各類的藝術細胞，而表現在他的作品，產生更有創意，更能發揮，更知收放，與更加調和的畫面。

五千年的優秀傳統文化，使這位畫家深以做華人為榮。數十年來，也竭盡海外知識份子的一點心力，經常回台，參予各種藝術活動。一九七九年應台灣國立歷史博物館之邀，參加「海外藝術家作品聯展」，並於十月三十日下午的揭幕典禮中，代表海外藝術家致詞，備受榮寵。

閩江的烟雲，孕育了他的四海胸襟與朗爽個性，每次有國內文藝界人士來菲，只要他知道一定竭力招待，他也曾出錢出力，邀請菲國藝術界人士赴台參觀，瞭解我國的文化建設，接洽菲國畫家在國內畫廊展出。資深名畫家黎嘉斯備（C. LEGASPI）曾說：「台灣之行，使他終身難以忘懷。」其以一己之力，獨擎藝術交流的大旗，貢獻厥偉。

菲律賓現代畫之父伊達理斯（PROF. V. EDADES）是他學習繪畫的啟蒙老師，禮溥在其指導下，學習素描與人物畫，奠下他創作的基礎。他和菲國家大畫家（V. MANANSALA、C. LEGASPI及H. R. OCAMPO）等均有深厚的交情，而現在菲國畫壇上享有盛名的中年畫家，有不少是他在聖大的同學。

從一九五五年的一幅「夜景」獲得菲國蜆殼石油公司主持的全國學生美術比賽特別獎開始，王禮溥即展露頭角。次年，他的另幅畫作「夜底守望者」參加展覽，更得到英國駐菲大使AMBASSADOR G. L. CLUTTON的激賞，並當場購下收藏，懸於其辦公室。才華的嶄露，外界的鼓勵，初生之犢的他，更是向美術大道勇邁出去了。

年青時代的王禮溥，喜歡朦朧的夜，神秘的美。他常以淡綠及淺藍作主調，為大地披上了浪漫的外衣，捕捉那份謐靜的安祥和旖旎的柔美，這可能和他喜愛音樂旋律的情愫與文學創作的心懷有關。在踏出校門之後，他開始創作風景畫，這時期，他作畫更勤，常是一肩畫袋，一把彩筆，為尋求美景，而餐風飲露。一九五八年為了籌備個展，他毅然拋棄俗世之干擾，蟄居南島一年，埋首於畫布的耕耘中，踏遍了山巔海濱，荒原野舍。那首次的展覽盛況空前，展出的成功，使畫家鵲聲四起，佳評潮湧。山水時期的王禮溥，作畫可說是受二方面的影響；一是南島明媚風光的印象，二是中國古代山水畫作品的薰陶。他技法圓熟，構圖謹嚴，設色優雅。這時候，他已試圖融合東西方繪畫技法，有位美術評論家認為他受中國山水畫的影響，設色明朗而不浮華，可說是對菲國美麗的風光留下了完美的歷史性紀錄。國內藝術權威虞君質教授更說：「王禮溥融會東西風格於一爐而又能自出新意。」畫家的辛勞終於獲得肯定的評價，奠定了他在中菲藝壇的地位。東方是東方，西方是西方，永不會匯合，但是，這位有中華文化根基，受過西洋美術教育的畫家，卻一直想開闢一條蹊徑，將東方的思想表現在西方的畫上。王禮溥作畫，手拿的是西方的調色板與畫筆，用的顏料是油彩，但是他有東方藝術家的人文思想與藝術素養，他了解中國文人水墨畫的內涵，汲取中國筆墨藝術的精華，用之舒展於他的作品中，而表現出獨特的面貌與風格。他堅強地走上了這條艱鉅孤獨的道路，終而墾荒有成，這最主要的因為他是個狂熱的華人藝術家。

初期的人物畫，奠定了王禮溥繪畫技法的基礎，中期的風景畫試煉了他的設色與構圖，近期的「荷花」，他巧妙地透過西方畫具，表達東方文化的內涵與精神。王禮溥對我說，數十年來他擇定畫荷且百畫不厭，因為，有些花是中看不中畫，有些則是中畫不中看，只有荷花中看又中畫。她有柔美的外貌，靈秀的氣質，在清澈如許的環境中，她可以成長，在污濁混雜的環境中，她依然欣欣向榮。禮溥由觀荷、賞荷、知荷、愛荷，以至寫荷，每次面對田田綠葉，水中仙子，心靈互通，言語攀談，真達到「荷夢我抑我夢荷」之兩相忘的境界。荷花是中國文人墨客所詠頌的「君子」，張大千將畫荷之各節比喻為書法之各體，詩人余光中說她是「美、愛和神的綜合象徵。」這均可表現出她在中國人的心目中的地位。禮溥畫荷也是這種心懷，他雖是在南國長大，研習西方美學原理，但他血液是中國的，呼吸也是中國的。在他的近作中，藉著西畫的表現方式，不墨守成規，並求自我蛻變與突破，所以，他為「自己」賦予新面貌，運用各種色調賦予新風貌，他表現了荷花，荷葉的風情萬千，以及「凌波獨吐紅」的意態。走進王禮溥的精心設計的「世外桃源」，正如置身在春風和悅的世界，微風徐徐，清香疏暢，沁人心脾，引人遐思，佇立於禮溥作品之前，像神遊烟雨的江南。荷畔的家鄉。禮溥作畫，重視構圖的均衡與氣氛的和諧，均衡是西方構圖的原理，和諧是中國繪畫的精神，他將二者結合，而強調荷花安詳飄逸的嬌姿美韻。

原載一九八五年二月十七日《聯合日報》

【附錄六】

我的父親王禮溥

王珍妮作
佚　名譯

每一次做自我介紹，我總因為是畫家王禮溥的長女而感到自傲。

我出生在一個充滿藝術氣氛的家庭， 從小便與藝術結下不解緣。父親是我的導師，他教我如何鑑賞藝術品，給我嚴格的訓練，培養我成為一個藝術品的收藏者。並刻意把我塑造成為一個藝術家心目中的夢幻女孩，一頭直亮的披肩長髮。當然，還替我取了一個藝術家們保留給他們心愛人的名字：「JENNY。」

儘管工作繁忙，肩負著一個人口逐漸增加的家庭重擔，父親還是撥出時間，想方法誘導我們兄弟姐妹融藝術於生活。童年時，父親經常駕車帶我們到高山上或大海邊去欣賞大自然的美景，有時帶我們到有「花園城市」美譽的三寶顏市那幽美的巴絢蘭卡（PASONANCA）公園。父親要我們以自已的演繹手法，把所看到的美景描繪在畫紙上來「賺取」我們的零用錢。就這樣，父親把愛好藝術的思想灌輸在我們腦海中。很幸運地，我們幾個兄弟姊妹並沒有讓父親失望，在生活和工作中多多少少都與藝術扯上了關係。就我本人而言，我在父親的母校菲律賓聖都瑪斯大學（UNIVERSITY OF SANTO TOMAS）美術學校完成了室內設計的課程——為了報答父母的悉心關顧和啟發，我發奮苦學以讓他們感到驕傲，最後以CUM LAUDE的榮譽畢業，獲得藝術學士的學位。

父親在漫長的畫家生涯中，一直把自己當為是一個「新手」；每一分鐘都在學習，每一天都是個新的經驗。「藝術品是必須用心靈去創造，只有下功夫才能得到不朽的傑作。」他獻身藝術的赤誠以及在藝術上所作出的貢獻，都使我們做兒女的永誌不忘。

在過去的五十年中，父親不遺餘力地推動藝術文化工作，他不但是一位專業畫家，同時也於本地華文「聯合日報」及台灣出版的雜誌發表散文和美術評論。他一向嚴守謙卑的原則，過著低調的生活方式，他常告訴我們，「做重要的人很好，但做好人更重要。」（IT'S NICE TO BE IMPORTANT, BUT IT'S MORE IMPORTANT TO BE NICE.）

父親於一九四〇年跟隨祖父從菲律賓南部三寶顏移居馬尼拉，並進入由祖父擔任校長的百閣華僑小學就讀。一九四六年二月祖父去世，祖母帶著父親回三寶顏，她就任三寶顏中華中學訓導主任。就在回到三寶顏的那一段時期，父親展露出對藝術的愛好，無師自通地開始學習寫生。一九四八年，父親擔任三寶顏中華中學教職。

一九五一年結婚，三年後，當我還是剛滿週歲的襁褓嬰兒時，父親做了他生命中極關鍵性的一個決定，毅然放棄教職，到馬尼拉聖都瑪斯大學美術學校習畫，同時，師從菲律賓保守派著名畫家顧斯都里奧（GABRIEL CUSTODIO）學習靜物畫及風景畫的創作技巧。肄業美術學校第二年時，父親以一幅「夜景」（VISTA POR LA NOCHE）油畫在蜆殼石油公司主辦的「第五屆全國學生繪畫比賽」獲得特別獎。一九五八年，父親學成返三寶顏，一年後便攜帶二十幅風景畫回馬尼拉在「中國藝術館」舉行他的第一次個人畫展。

一九六四年的一個星期天下午，父親被巴絢蘭卡公園池塘的荷花深深吸引著，一陣靈感湧上心頭，從此每星期天他總對著荷池，畫出一朵朵生動的荷花。在接下去的數十年中，父親繼續以荷花為他繪畫的主要題材，「荷畫」也成為他在藝術圈裏的「名片」。數十年的時間過去了，我父親對荷花的喜愛持久不渝。他有時會指著荷塘告訴我們：「看看那些荷花，它們生長在污泥中，但每一朵花卻都是那麼乾淨純潔，絲毫不受周圍環境的影響，中國先賢把荷花形容為『花中君子』，它代表著人生最高的境界。荷花有它獨特的美，從含苞待放，到嬌艷綻開，最後落英片片，它不斷改變著顏色；觀賞荷花令人賞心悅目，而把荷花表現在畫布上更令人情至神馳。我選擇畫荷，並非因為她是國畫中受歡迎的題材，而是因為荷花象徵著高貴純潔的性格。更重要的是我對荷花已經滋生了深厚的感情。」

父親畫荷就像是與好友進行親切的談話，對荷花可以稱得上是觀察入微，他注意到在台灣和中國大陸，荷花盛開的季節是七月與八月的夏天，但是在菲律賓，它最嬌艷美麗的時候卻是每年的二、三月。除了荷花，風景也是我父親作畫的另一個主要題材。他對風景畫的興趣源起於上世紀五十年代，有一次從馬尼拉乘船南下三寶顏，在甲板上眺望遙遠的海岸，被美麗的山峰雲霞所震懾；立即畫下幾張素描，而從此開始了幾十年的創作風景畫。另一次，是發生在他前往中國大陸旅遊黃山的時候。黃山就像一個「巨人」，不管從任何一個角度去觀賞，它都呈現出幽美和雄偉的形態。

父親說，創作風景畫是一種心靈的提煉，每次作畫時，眼前浮現的是山峰的形態，但畫出來的卻是心中山峰的風貌，他用映射在山上的光線，標誌出畫家心中的抽象感受。

父親作風景畫，除了從大自然的美景中吸取靈感外，也融化中國哲學的精髓於其中。他為冀達到最高層次的藝術境界，創造出一系列的半抽象風景畫。他認為一個藝術家最高的「天人合一」境界是情感思想的融合與提煉，是畫家的內涵表露於畫上，因此，他以主觀的意念，獨特的手法把景物表現出來，在他的畫中，呈現了抽象的氣氛，但在抽象的景象中卻又清晰地看到實體。這種「不似而似」的效果，成為父親獨樹一幟的風格，所謂「不似而似」即畫中的景物，似真的景物，又似不是真的景物。

父親有一個極富哲學意味的理論：「一幅畫可以有形也可以無形，可以有線條，也可以沒有線條，但卻永遠不能沒有色彩。而色彩可以分為兩種，一種是天然的色彩，另一種是畫家情感的色彩。」他認為創作一幅畫通常是經過寫實、傳神到妙悟的境界，這種境界是景物人格化的境界，同時也是物我交融超然的境界。一片風景，就是一片心境。

他的風景畫往往有高聳入雲霄的山峰，但那並非大自然景色的現實寫生，而是遼曠無邊的想象力的再現；畫中的山峰不論是形狀或顏色，都是他所構思和創作的，父親稱之為「音樂與詩歌的色彩」，他以詩人的眼光觀賞現實宇宙的景色，然後用他的「視覺言語」表現出他內心那種藝術家完美的「夢境」。

「要成為一個傑出的藝術家必須經過一番長時期的訓練，不斷地探索，不斷地開拓反省，在完成上千累萬幅的作品後，才可能達到藝術的頂峰。」他常勉勵年青畫家說：「空中每一片雲霞都有它的色彩。從事藝術工作乃是個人的選擇，努力耕耘，自然會有豐盛的收穫。」父親的座右銘是「人生朝露，藝術千秋；永遠樂觀，永遠感恩。」

我於一九五二年在三寶顏出生，一九七五年結婚後移居馬尼拉：一九九〇年，我帶著五個兒女移民加拿大溫哥華，兒女們成為我生命中的支柱，為我的人生帶來靈感與勇氣。在大西洋彼岸生活這廿二年來，雖然遠離我親愛的父親，但卻沒有一刻忘記他的關懷與教誨。父親是藝術家之中的荷花——永遠純潔謙虛、意志堅強、樂觀友善。他是一個實實在在的正人君子。

原載於二〇一二年九月十七日《菲律賓每日詢問報》

【附錄七】

讀「王禮溥心靈世界」

禾　木

名畫家王禮溥先生的著作，亦即自傳「王禮溥心靈世界」隆重出版了。該書由作家，詩人楊宗翰先生主編，收入「菲律賓・華文風」叢書。

楊宗翰先生說：「本書作者為專業畫家，九歲失恃，十五歲失怙，沒有顯赫學歷，亦無長輩提攜。但他堅守自己的信念及崗位，運用西方油畫工具材料，巧妙表現出中國繪畫意境，終於成為今日菲律賓藝壇最具代表性的畫家。「王禮溥心靈世界」原刊於菲律賓「聯合日報・耕園週刊」，紀錄了這位畫家一生中最難忘的歲月和人物。其中包括烽火戰亂的童年，蟄居南島的歲月，畫夢成真的喜悅，以及與席德進等畫友相知相惜的珍貴友誼。」

「王禮溥心靈世界」之出版，依王先生的說法，是：

十七歲的夢
七十歲的回憶

是夢中的真
是真中的夢
是回憶含淚的微笑

王先生十七歲的「夢」，終於成「真」，我們為他高興，也祝福他健康，文學作品畫作源源不斷。

王先生是一位謙謙君子。認識王先生的人，無不覺得他風度翩翩，謙虛而自信，淡泊而自在。這，大概是因為他從不以為自己最好或不如人，既沒有我執，也沒有內心的障礙，故能「輕安自在」也。

他修身處世的基本信念是：「誠心做事，誠意待人。」「淡泊明志，寧靜致遠。」（當然，王先生從不自誇，也從不張狂）筆者曾與友人談及王禮溥：藝術的境界，既使心靈和宇宙淨化，又使心靈和宇宙深化，使人在超脫胸襟裏體味到宇宙的深境。筆者認為，王禮溥先生的文學作品和畫作，皆能寫出藝術這深化的作用。（吾人相信，貴閣下讀了「王禮溥心靈世界」之後，定會產生同感）

總之，王先生是一位真正值得欽敬的前輩畫家、文學家，我們向他敬禮！

原載於二〇一〇年四月廿日《聯合日報》

【附錄八】

讀「王禮溥心靈世界」

王文選

王禮溥先生是一位謙謙君子，對朋友的關顧往往不形於色，但卻是發自他的內心。筆者撰寫專欄之後，他經常提供一些海外出版的雜誌，作為參考資料，關愛之情溢於言表。上月底的餐敘前，禮溥兄又遞給我一疊雜誌，令筆者驚喜的是同時還收到一本精美的書本，一看，是他自傳式的著作「王禮溥心靈世界」。

「王禮溥心靈世界」幾年前在報章發表時，筆者因旅居香港，無緣拜讀；較早獲禮溥兄贈送一冊剪報版本，閱後對這藝文兼優的名畫家及文壇前輩又多了一份認識，也增加了一份欽佩。如今單行本出版，封面是禮溥兄的畫作，賞心悅目，令人愛不釋手；回家後忍不住又漏夜重閱了一遍。

認識禮溥兄已有半個世紀了。一九六一年，筆者從香港移 居馬尼拉，因父親工作的關係，寄宿於顏拉拉街長興鞋店樓上，同樓居住的有鞋店少東王文言先生。文言兄亦是一位畫家，每逢週末，他幾位聖都瑪斯大學的同學經常聚首一堂，因而十來歲的我便認識了這幾位後來飲譽菲律賓藝術界的大師級人物，包括畫家王禮溥、洪救國及雕塑家丁平來等人。禮溥兄和藹可親，誠懇待人，雖然大我十來歲，但是當年即已有講有笑，相處甚歡。五十年的光陰過去了，那幾位年青藝術家的風範至今還經常浮現在我的腦海中，特別是臉孔上永遠掛著微笑的禮溥兄，以及比較嚴肅的救國兄。

有一段時間看不到禮溥兄，一問，得悉他當時在三寶顏擔任教職；後來才知道這幾位獻身藝術的年青人都是苦學生，為了生活不得不四處奔波；儘管當年的社會大眾都認定藝術家是「潦倒一生」的職業，他們卻依然執著地堅守自己的崗位，追求自己的理想。誠如禮溥兄在他這本書的序言中所寫：「九歲失恃，十五歲失怙……沒有長輩的提攜，是上天特別關愛，使我度過少年時期的貧窮困苦，又能隨著自己的意願，珍惜自己存在的價值，開拓自己生命的道路……理想的追求是永無止境……沉迷藝海，是一片癡心，也是一個意願。」看完「王禮溥心靈世界」一書，才了解到禮溥兄有今天的成就，實在是「一步一腳印」；成功絕非偶然，而是用無數的汗水和淚水換回來的。

禮溥兄是菲華文藝界早期的領導人物，是文壇的「老大哥」，文學修養高深，其文筆之流暢，用詞之豐潤，自不在話下。他在「王禮溥心靈世界」一書中，從他童年及家庭背景談起，在戰火中的流離顛沛，在困境中的掙扎奮鬥，他的求學以及與菲、台藝壇菁英的交往切磋的心路歷程，在神州大地踏探名山奇景以及在旅途中遭逢得怪人怪事，到他成功舉辦畫展的憶述，幾十年的往事娓娓道來，有如行雲流水，引人入勝。

禮溥兄這一本自傳乃是一部「老少咸宜」的著作；不管是描寫日寇在閩南或在菲島的暴行，菲律賓淪陷期間以及光復後的生活概況、大陸初開放時的民風民俗、社會上那種世態炎涼的劣習，全都是禮溥兄的親身經歷。對老一輩來說，看這本書無疑是開啟了對往事的追憶；對年青人來說，看這本書更是上了一堂歷史課。在書中，禮溥兄還詳盡地介紹了他的老師PROF. VICTORIO EDADES教授、ANASTACIA MAMUYAC、GABRIEL CUSTODIO，以及畫友CESAR LEGASPI、VICENTE MANANSALA和H. R. OCAMPO等人的生平，也描述了他與台灣畫家席德進的一段交情，讓讀者對這幾位菲、台的知名畫家有更深一層的認識。禮溥兄在書中也記述了菲國幾十年來發生的大事，更生動地介紹了杭州、南京、紹興、北京、黃山等多個他訪問過的城市及景區，增廣了讀者在歷史和地理方面的知識見聞。

從書中一些瑣事的記載，諸如在富裕友人開發的空白支票上填上自己吃虧的銀碼，都可以看出禮溥兄為人處事的君子作風。禮溥兄早年以繪畫荷花見著，而他自己的品格個性，也正像宋儒周敦頤描寫蓮那樣：「出污泥而不染……中通外直，不蔓不枝」；蓮是「花之君子」，禮溥兄無疑是「人中君子」。

禮溥兄用「十七歲的夢、七十歲的回憶」來概括形容他的自傳；我們要祝賀禮溥兄：你的夢已經實現了，你的回憶是甜蜜的，恭喜你！

原載二〇一〇年四月五日《聯合日報》

史地傳記類　PC0105　菲律賓・華文風06

王禮溥心靈世界

作　　者／王禮溥
主　　編／楊宗翰
責任編輯／藍志成
圖文排版／鄭維心
封面設計／陳佩蓉

發 行 人／宋政坤
法律顧問／毛國樑　律師
印製出版／秀威資訊科技股份有限公司
114台北市內湖區瑞光路76巷65號1樓
電話：+886-2-2796-3638　傳真：+886-2-2796-1377
http://www.showwe.com.tw
劃撥帳號／19563868　戶名：秀威資訊科技股份有限公司
讀者服務信箱：service@showwe.com.tw
展售門市／國家書店（松江門市）
104台北市中山區松江路209號1樓
電話：+886-2-2518-0207　傳真：+886-2-2518-0778
網路訂購／秀威網路書店：http://www.bodbooks.com.tw
國家網路書店：http://www.govbooks.com.tw
圖書經銷／紅螞蟻圖書有限公司
台北市114內湖區舊宗路2段121巷19號（紅螞蟻資訊大樓）
電話：+886-2-2795-3656　傳真：+886-2-2795-4100

2010年1月BOD一版
定價：240元

國家圖書館出版品預行編目

王禮溥心靈世界 / 王禮溥著. -- 一版. -- 臺北
市：秀威資訊科技, 2010. 01
面； 公分. --（史地傳記類；PC0105
菲律賓. 華文風；6）
ISBN 978-986-221-377-3（平裝）

1. 王禮溥　2. 傳記　3. 菲律賓

783.918　　98023683

讀者回函卡

感謝您購買本書，為提升服務品質，請填妥以下資料，將讀者回函卡直接寄回或傳真本公司，收到您的寶貴意見後，我們會收藏記錄及檢討，謝謝！

如您需要了解本公司最新出版書目、購書優惠或企劃活動，歡迎您上網查詢或下載相關資料：http:// www.showwe.com.tw

您購買的書名：________________________________

出生日期：________年________月________日

學歷：□高中（含）以下　□大專　□研究所（含）以上

職業：□製造業　□金融業　□資訊業　□軍警　□傳播業　□自由業

□服務業　□公務員　□教職　□學生　□家管　□其它______

購書地點：□網路書店　□實體書店　□書展　□郵購　□贈閱　□其他

您從何得知本書的消息？

□網路書店　□實體書店　□網路搜尋　□電子報　□書訊　□雜誌

□傳播媒體　□親友推薦　□網站推薦　□部落格　□其他__________

您對本書的評價：（請填代號　1.非常滿意　2.滿意　3.尚可　4.再改進）

封面設計____　版面編排____　內容____　文／譯筆____　價格____

讀完書後您覺得：

□很有收穫　□有收穫　□收穫不多　□沒收穫

對我們的建議：________________________________

____

____

____

請貼
郵票

11466
台北市內湖區瑞光路 76 巷 65 號 1 樓
秀威資訊科技股份有限公司 收
BOD 數位出版事業部

（請沿線對折寄回，謝謝！）

姓　名：________________ 年齡：________ 性別：□女 □男

郵遞區號：□□□□□

地　址：____

聯絡電話：(日)________________ (夜)________________

E-mail：____